世界高雅文化珍藏图鉴大系

鬼斧神工

根雕·木雕·玉雕·石雕 收藏与鉴赏

肖 斌/编著

新世界出版社

图书在版编目（CIP）数据

鬼斧神工：根雕·木雕·玉雕·石雕收藏与鉴赏 / 肖斌编著 . -- 北京：新世界出版社，2018.9

（世界高雅文化珍藏图鉴大系）

ISBN 978-7-5104-5870-5

Ⅰ . ①鬼… Ⅱ . ①肖… Ⅲ . ①雕刻—收藏—中国②雕刻—鉴赏—中国 Ⅳ . ① G894 ② J305.2

中国版本图书馆 CIP 数据核字 (2017) 第 331218 号

鬼斧神工：根雕·木雕·玉雕·石雕收藏与鉴赏

作　　者：肖　斌
责任编辑：张杰楠
责任校对：姜菡筱　宣　慧
责任印制：王宝根　王丙杰
出版发行：新世界出版社
社　　址：北京西城区百万庄大街 24 号（100037）
发 行 部：（010）6899 5968　（010）6899 8705（传真）
总 编 室：（010）6899 5424　（010）6832 6679（传真）
http://www.nwp.cn
http://www.nwp.com.cn
版 权 部：+8610 6899 6306
版权部电子信箱：nwpcd@sina.com
印　　刷：北京市松源印刷有限公司
经　　销：新华书店
开　　本：787 × 1092　1/16
字　　数：400 千字
印　　张：18
版　　次：2018 年 9 月第 1 版　2018 年 9 月第 1 次印刷
书　　号：ISBN 978-7-5104-5870-5
定　　价：128.00 元

FOREWORD 前言

雕刻艺术蕴含着深厚的文化，凝聚了创作者无数的心血，集观赏性、艺术性于一身，将高雅、实用进行了完美的结合，同时又涉及人们喜闻乐见的各种题材，因此深受世人喜爱。

相比于西方的雕刻文化，中国的雕刻文化源远流长，闪耀着中华文化不朽的光辉。雕刻艺人们将大自然中的万千景象融入雕刻作品，呈现给观者种种视觉盛宴，令人拍案叫绝。从一件件雕刻作品中，我们可以窥见雕刻艺人们精湛的技艺、巧妙的构思和高深的艺术修养。

那些保留至今的前人雕刻的遗迹、文物，经历了无数风雨的洗礼，可能已经面目斑驳，但是掩盖不了古人智慧的光芒，这是祖先留给后人的宝贵财富。而收藏一件令人赏心悦目的雕刻工艺品能陶冶情操，提高收藏者的审美水平和艺术修养，增添生活的情趣。因此，近年来，雕刻工艺品收藏持续升温，收藏群体日益壮大，雕刻工艺品的价格也不断上涨。

在众多雕刻工艺中，根雕、木雕、玉雕、石雕这 4 种非常具有代表性。

根雕是最具有自然气息的工艺品，要求雕刻师先用慧眼发现根的自然美，再进行创造性的艺术加工，在中国雕刻艺术发展史上占有重要地位。

木雕是中国传统的民间雕刻工艺，被应用于生活的方方面面，满足了人们装饰、实用、把玩、建筑等各方面的不同需求。

玉雕是令人叹为观止的艺术瑰宝，丰富的造型、精湛的工艺、多变的风格，无论从哪方面来看都拥有无可比拟的魅力。

石雕艺术几乎与人类文明相伴而生，是雕刻大家族中的一朵奇葩，题材广泛，内容丰富，同时随着时代的变化而不断更新。

很多雕刻艺术爱好者渴望了解雕刻工艺品的收藏、鉴别方法，以便提高自身的鉴赏能力，收藏一些真品、精品，避免遭受不必要的损失，却苦于没有合适的参考书籍。为了弘扬中国的雕刻文化，促进雕刻工艺的传承与发展，倡导非物质文化遗产的保护，让广大国人了解雕刻艺术的文化内涵、艺术价值，我们精心编著了本书。

本书从发展史、雕刻技法、题材、分类、流派、收藏与鉴赏等方面详细介绍有关根雕、木雕、玉雕、石雕的知识，并配备了大量清晰、美观的图片，以便读者在阅读时能够直观地了解雕刻工艺品的独特魅力。希望本书能够帮助读者提高自身的收藏与鉴赏能力，快速跻身于雕刻工艺品的收藏者行列。

由于编者水平有限，书中难免会有疏漏之处，敬请广大读者批评指正，以便再版时加以修正。

CONTENTS 目录

CONTENTS | 目录

CONTENTS 目 录

第三章 博大精深之玉雕 / 137

CONTENTS 目录

第一章 天趣野味之根雕

根雕，又被称为“根的艺术”或“根艺”，从字面来看，我们不难理解，就是运用精雕细琢等手法将天然的树根加工成风格独特、精美绝伦的艺术品。根雕作品的完成需要创作者先发现根的自然美，再进行创造性的艺术加工，业内常说“三分人工，七分天成”，这说明在根雕创作中，要充分尊重根材的天然形态，进行雕琢加工时应尽量减少修饰处理。

根雕的历史溯源

根雕这种古老的艺术形式在中国经过了千年的发展，历久弥新。它在中国雕刻艺术发展史上占有重要地位，研究它的产生和发展对研究中国雕刻艺术及工艺美术的发展具有重要的意义。

聊斋精灵 柏树根雕

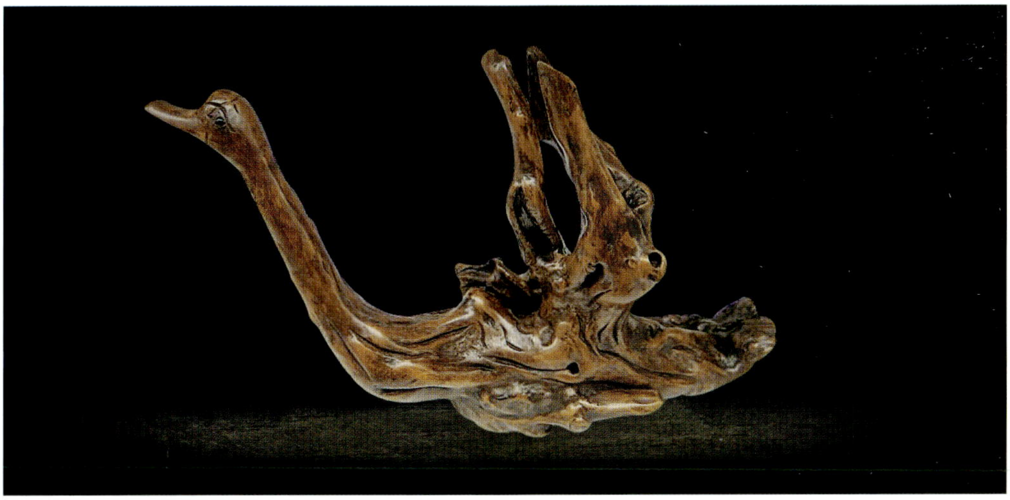

翔 柏树根雕

◆ 先秦时期

早期的根雕艺术离不开生活实用物。人们很早就将树的根枝应用于平凡朴实的生活中：远古先民要进行狩猎，于是把木棒磨尖，制作简单的弓箭；中国人常用的筷子，最初或许是由山中的荆条和磨光的细竹枝演变而来的。这些充满野气和自然美的艺术品，是如此洒脱、简洁，表现了传统生活方式的逻辑和传承艺术的发展。相关研究发现，古人除了使用玉、骨、石以及贝壳等物制作装饰品外，也会用树根或竹根制作装饰品。

瑞兽 根雕摆件

腾龙 根雕摆件

古人给小孩佩戴磨光的老根，认为这样可以保佑孩子一生平安；汉族人习惯佩戴磨光的桃木，认为其有辟邪的功效。这些“无声的诗”“立体的画”在人类生活实用物中的萌发和表现是方方面面的，其意义也是深远的。1982 年，从湖北江陵马山一号楚墓出土了一件名为“辟邪”的根雕作品，此根雕为镇墓兽，意寓保护墓主人的安宁。其形态为虎头龙身，四足雕有蛇、雀、蛙、蝉等纹样，呈行走之状，构思巧妙，令人为之惊叹。据考证，这件作品是战国时期的，距今 2000 多年，可以说明当时的根雕艺术品就已经具有较高的水平了。

◆ 秦汉时期

秦汉时期有一些关于根雕的记载。在西汉时期，孔子的后裔曾利用楷木制作了拐杖，其自然弯曲的形态正是物尽其用。《汉书·五行志》中记载，西汉成帝年间，曾发现河南某地樗树的根和人的形象很接近，眉眼、胡须都有，令人惊奇。

另外，从出土的汉朝画像石或壁画作品中，也发现有树根制作的几架、拐杖、弓箭等。

◆ 南北朝时期

到南北朝时期，树根制作的生活用品就比较多见了，包括拐杖、笔筒、佛柄、抓背、烟斗等。《南齐书》记载，齐高祖曾以竹根“如意”赠送隐士僧绍。这柄如意头部似灵芝，也像云朵，柄把长而曲，大小类似抓背。

佛手 竹根雕

◆ 隋唐五代时期

隋唐时期，在民间普遍流传的根雕，也吸引了上流社会的目光，据《新唐书·李泌传》记载："泌尝取松樛枝以隐背，名曰'养和'，后得如龙形者，因以献帝，四方争效之。"这讲的是唐朝邺官李泌用弯曲的松枝做抓背，非常好用，后来发现了龙形的天然树根，遂制成抓背献给皇帝。韩愈在《题木居士》中写下了这样的诗句："火透波穿不计春，根如头面干如身。偶然题作木居士，便有无穷求福人。"诗句前面描写的是有的根材自然生长得很形象，像人的头部和身体，诗中的"木居士"，就是一件根艺作品，被视作"神佛"形象。五代时期的画家阮郜曾作《阆苑女仙图卷》，画中描绘了根雕的天然木榻、凳和根艺器物等。根雕是劳动人民的艺术创造，集中体现了人们对精神美的追求。

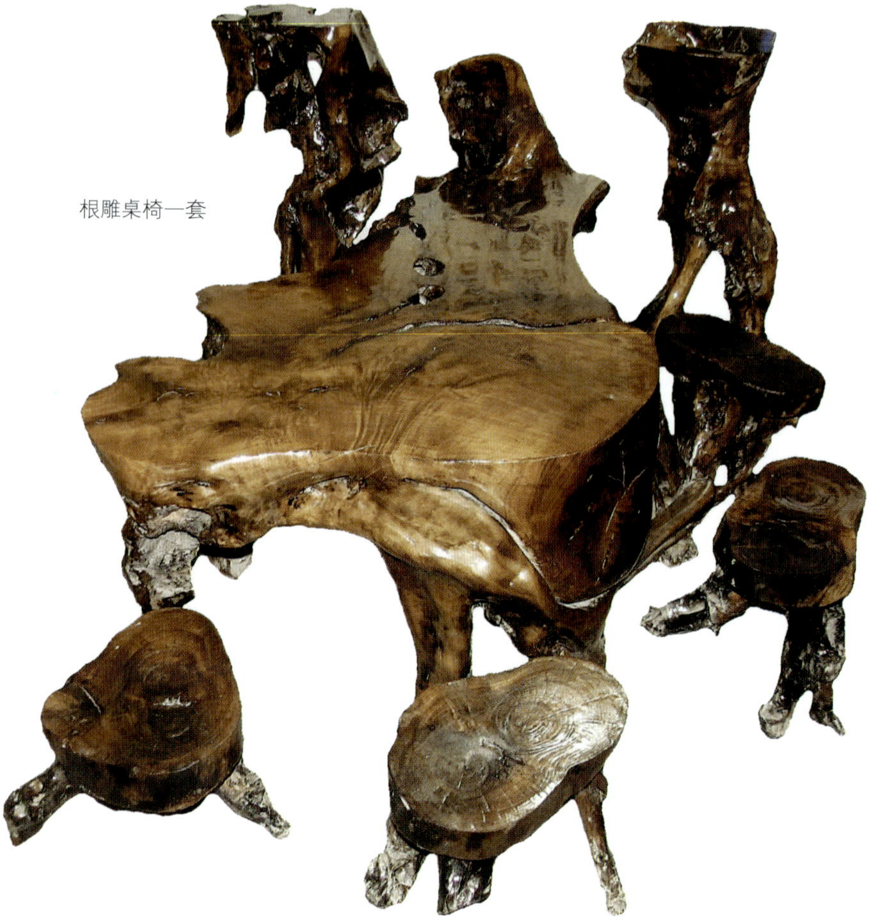
根雕桌椅一套

鹰与蛇 根雕摆件

◆ 宋元时期

到了宋元时期，在宫廷和民间，根雕艺术都得到了迅猛发展，同时还延伸到了石窟、寺庙领域。这个时期宫廷和民居中增添了许多根雕摆设，为居室增添了几分韵味。寺庙中常有各种根雕佛像，与庙里的泥塑各展其美。直到今天，在我国的一些石窟和寺庙中，还能看见根雕佛像。

麻雀外形根雕

根雕摆件

在宋朝《太平广记》中详细地记载了一则用荆树根创作狮子形木枕赠送给庙里的故事:一天，商人张弦骑着马路过华岳庙前，就把马拴在一棵金荆树上，想休息一下，一不小心睡着了。不知过了多长时间，突然听见马嘶，张弦被惊醒，发现自己的马受惊了，拖走了那棵金荆树。他赶紧追了上去，将这棵树取了下来。这时张弦发现此树的根部形状好像一头狮子，而且可以看出头、爪、腿。张弦大为惊奇，就将此树根带到华阴县城，请木匠对其进行雕琢修整。最后，树根被加工成一个狮子形木枕。张弦就将木枕献给了华岳庙。守庙人对木枕爱不释手，奉若珍宝，将其珍藏了起来。路过此地的人要想一睹这个根雕木枕，还需要花不少钱买通守庙人。

从这个故事我们不难看出，杰出的根雕艺术品当时在民间是非常受青睐的。后来随着民间木、竹雕刻艺术派别的演变和技艺的发展，根艺美术创作的表现形式不断多样化，题材也不断丰富，出现了大量局部雕刻的根雕作品，根雕艺术得到了很大发展。另外，此时期的根艺实用品数量也很多。元朝著名画家王振鹏非常欣赏根雕艺术的自然古雅之美，故而经常在其画作中描绘根艺作品，他的《伯牙鼓琴图》中的根雕香炉几架在当时是非常流行的。

◆ 明清时期

明清时期根雕艺术和其他民间雕刻艺术品一样发展逐渐趋于成熟，从观赏艺术品到实用艺术品，种类越来越齐全。明朝的根雕分出了不同的派别，有以竹根雕著称的濮仲谦为代表的金陵派和以朱鹤为代表的嘉定派。根艺家们利用木、竹根创作出大量观赏价值很高的根雕艺术品、实用器具，而且此时期还有了根雕家具。

根雕家具古色古香，既赏心悦目又实用。明朝苏州画家仇英绘制的《桃李园图》《赚兰亭》等多幅画作中，都描绘了树根太师椅、树根拐杖等根雕作品。从相关的典籍中可以得知，明朝一些地区根艺制作的水平已经很高了。清朝早期遗留下的几件巧妙利用天然树根形态创造的黄杨根雕花几、笔筒，现今收藏在苏州博物馆内。

北京故宫珍藏的清朝八仙群像，雕工精湛、技法娴熟，将仙人们那种谈笑风生的悠闲姿态刻画得惟妙惟肖。清朝也不乏描绘根雕的花几架、几案座椅等的画作，如《胤祯妃行乐图》中画有天然树根拼接的床，《三希堂画宝》中描绘了天然的根雕几案图、花架图、坐几图等，清朝乾隆皇帝的根雕座椅和几架至今还保存着，这些都充分说明当时这种民间工艺是非常流行的。清朝徽州江浙一带木材丰富，根雕非常具有地方特色，根雕艺术家凭借这里良好的条件，化腐朽为神奇，使根雕艺术的发展达到兴盛阶段。

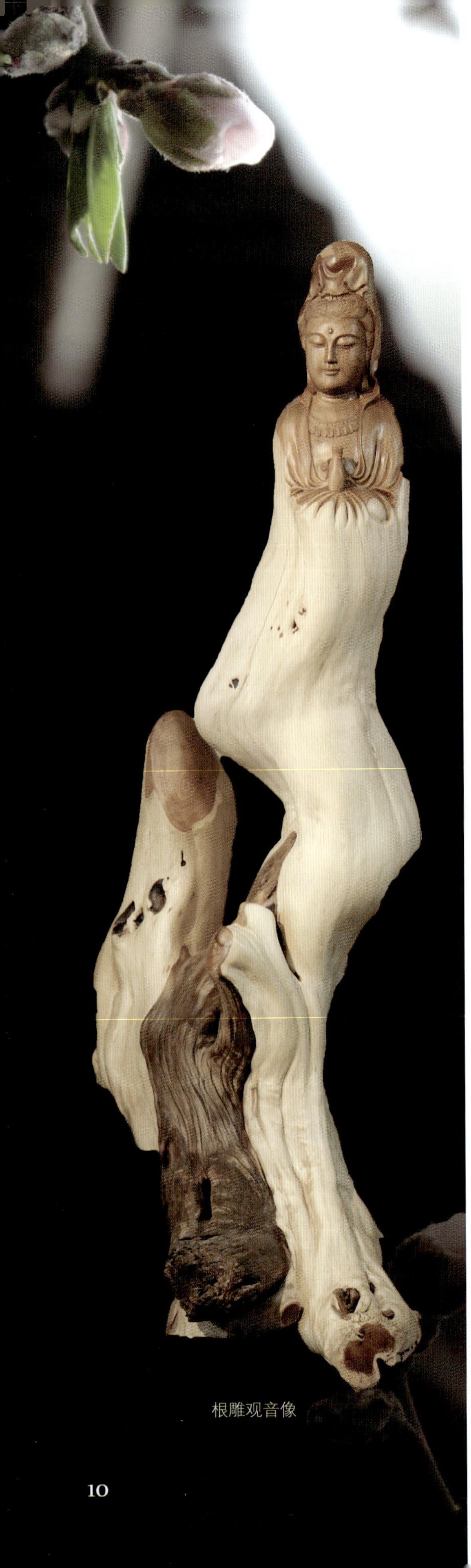

根雕观音像

20世纪50年代初，苏州文管会曾收集了数件树根家具，其中有一把树根椅是明末四公子之一冒辟疆所有的。苏州昆曲专家顾笃璜先生收藏的“郎榆花瓶”，也是明朝遗存的根雕精品。从中不难看出，苏州人是极其珍视根雕作品的。上海文物所珍藏的多件明清时期的笔筒、如意、佛手、花几架等作品，体现了根雕艺术遵循自然的造化之工，彰显了观赏艺术和实用艺术的自然美和雕琢美。

济公 根雕摆件

清 茶台根雕

◆ 近现代时期

民国时期，根雕艺术日渐衰落，很多艺人都改行转业，根雕艺术进入了萧条期。直到20世纪70年代末，根艺在中国又继续得以发展，此后，根艺界出现了前所未有的繁荣景象。越来越多的人开始研究根雕艺术，根雕作品涉及的内容题材和表现形式更加多样化，根雕创作者和爱好者日益增多，形成了“根雕热”。

1980年后，随着苏派盆景的发展繁荣，苏州的根雕艺术进入集大成时期，涌现出许多根雕方面的能工巧匠，并相应成立了苏州市根雕艺术研究会和苏州市职工根艺研究会，他们进行根艺研究和创作，积极开展各项关于根艺的学术、创作和展览活动。

老者 根雕摆件

老寿星 根雕摆件

1983 年，业内拍摄了《根的艺术》的纪录片；1985 年，中国美术馆举办了“中国根的艺术联展”，并成立了相关的根艺研究机构，我国的根雕艺术逐渐走上了正规化、学术化的发展道路。此后的时间里，全国各地根艺创作者和爱好者在这条道路上不断努力，多次举办全国性的学术交流活动，根雕创作和制作技术逐渐达到前所未有的高度，中国的根艺逐渐被发扬光大。

近几年，根艺创作不断推陈出新，以免艺术构思落入俗套，如今的根雕造型简洁明快，自然美与艺术美巧妙结合，涌现出了一批工艺精湛、构思奇巧、特色鲜明的佳作，如方建庆的《草枯鹰眼疾》《寒梅古瓶》《绣球》，王留根的《升腾》，张克俭的《头像》《风采》，等等。目前，中国根雕艺术正以新的姿态，沿着中国文化艺术发展的道路，走向繁荣和兴旺。但根雕艺术发展的同时还需爱护自然、爱护生态环境，这又对根雕艺术的发展提出了新的要求。

根雕的分类

根雕的种类丰富，分类方法不一，既有用于观赏的艺术品，也有能在生活中应用的实用品。根雕按照用材的不同可以分为树根雕、竹根雕、根抱石。下面我们来一一讲述。

鸡翅木根雕

明 仙鹤 根雕摆件

自然型根雕工艺品

◆ 树根雕

树根雕的数量在根雕中所占比重很大，千姿百态的树根为根雕艺术工作者提供了大量材料。目前根雕常用的主要为柏、樟、榉、黄杨、枫、枣、梅、紫藤、檀、花梨等树木的树根。

自然型根雕

尊重自然，根据根材的原生形态进行艺术加工的根雕就是自然型根雕，它的突出特色就是源于自然，高于自然，回归自然。一段朽根，经艺术家慧眼发现其美，再经过巧手雕琢，便会被赋予鲜活的生命，化腐朽为神奇。自然型根雕追求的是根的自然美，在创作时，要尽量避免过多使用木雕手法，要尽可能地保留或恢复根味。自然型根雕又可细分为以下两种：一种是有形的根雕；一种是抽象的根雕。

1. 有形的根雕

有形的根雕就是根雕艺人在枯根残枝中发现有和人物、动物、植物或其他形象相似的根材后，遵照树根原有的形态进行加工创作，使原来的形象更为明显。

甘泉这位书法和根雕艺术水平都很高超的艺术家，曾创作过一个很有代表性的有形的根雕作品，名为《鹬蚌相争》。鹬蚌相争的典故是，鹬要吃蚌的肉，蚌为了保护自己而闭紧蚌壳，夹住了鹬的嘴。甘泉用两块枯根组合在一起，就把这场你死我活的争斗刻画了出来。这个作品问世后，又有欣赏者从中解读出了另一幅画面："癞蛤蟆想吃天鹅肉"。原来鹬鸟也可以看作是刚从高空中飞下来休憩的天鹅，那翅膀才收拢；而河蚌又和一只癞蛤蟆相似，那鼓起来的眼睛正瞪得大大的，它们之间的斗争，就像是这只癞蛤蟆想吃天鹅肉。这幅作品神形兼备，令观者充满遐想，实在是自然型根雕中的佳品。

仰天长啸 自然型根雕摆件

凤鸣朝阳 抽象型根雕

抽象型根雕

2. 抽象的根雕

抽象的艺术需要有发散的思维，更能引发观赏者的联想。抽象的根雕作品中的造型并非真山真水、真人真物，只是与某些形象相似而已，却更令人感觉奇妙。抽象的根雕作品往往更能引起观赏者的共鸣。一件耐人寻味的抽象型根雕艺术品，需要“神”似“神”真，这样才能让人百看不厌，产生联想。观赏作品时，若仅以“形”的相似和“形”的真实感来判断根雕的好坏是有失偏颇的。

树根家具是实用艺术品，我们也将其归类于抽象的根雕。树根家具在我国由来已久，这种纯朴自然，将自然与生活融为一体的形式非常新颖，受到历代文人雅士的喜爱，体现了自然与人的和谐相处。

巧在自然，妙在发现，“慧眼识宝”在自然型根雕的艺术创造中显得很重要。而能发现常人发现不了的美，就需要根艺家有高超的审美修养，有高雅的眼光。优秀的自然型根艺作品具有古朴雅致、浑然天成的美感。现如今，自然型根艺的范围不断在扩大，尝试创作的根材也越来越多，涌现出许多这方面的杰作。然而，总的来说，目前在市场上消费者更看重具象雕刻的造型，自然型根雕的总体局面并不被看好。但是相信在根雕艺术家的努力下，自然型根雕一定会有更好的发展。

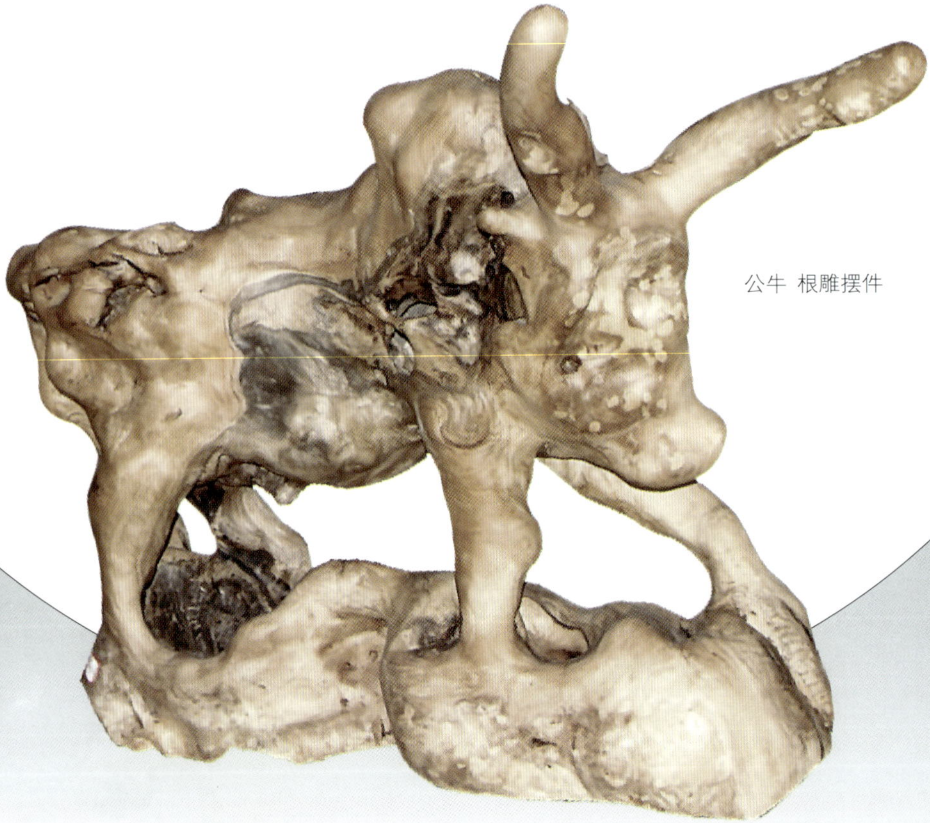

公牛 根雕摆件

雕刻型根雕

雕刻型根雕就是对大自然中的根材进行局部雕刻，以使局部的人工雕刻和天然的根材有机结合。对根材局部的雕刻是对自然不足的补充，是一种完善，一定要使自然之奇与人工之巧有机融合。此类根雕的关键是如何在根材上施以雕工。这需要作者不但具有高超的审美修养，还要有高超的工艺水平。

雕刻型根雕在市场上非常受欢迎，需求量不断增大，尤其是雕工精巧的名作，引得根雕爱好者竞相收藏，市场价值不断攀升。雕刻型根雕内容丰富、题材广泛，其中最受人们喜爱、数量最多、最具有特色的题材为以下三类。

牧牛 竹根雕摆件

根雕茶几

弥勒 竹根雕

1. 宗教题材

（1）弥勒

弥勒佛即弥勒菩萨，意译“慈氏”。弥勒佛从古印度传到中国后，获得了较高的知名度，被许多人尊崇，久而久之，他的形象逐渐被汉化了。唐朝以后，中国的高僧布袋和尚契此代替了弥勒的形象，此后这尊外来的菩萨就变成了大肚弥勒佛的形象。契此是五代时期的人，身躯肥胖，袒胸露怀，手拿一根木杖，肩上总是搭着一个布口袋，他极为珍惜粮食，见到遗落的粮食便随手捡入布袋，用以施舍穷人，被人们称为“布袋和尚”。大肚弥勒慈眉善目、笑容满面，举手投足间，皆有寓意。布袋和尚的大肚子则意味着他大肚能容，心胸开阔，不计较人世间的是是非非。大肚弥勒和善、慈悲、幽默、智慧的种种品德受到了人们的尊崇，非常受欢迎。

在传统根雕题材中，经常可以见到弥勒佛，通常是圆头大耳、笑脸迎人。天然生成的根材，配上雕琢者丰富的想象，雕刻出的弥勒形象或走或坐，姿态各异，表情丰富，有血有肉，深受世人青睐。

（2）达摩

达摩全称为“菩提达摩”，被尊为“西天”（印度）禅宗二十八代祖，也是东土（中国）禅宗初祖。

达摩，相传为南印度人。南朝宋末航海到广州，又往北魏（旧说达摩过金陵时，与梁武帝话不投机，遂渡江北去）洛阳传布禅学，后住嵩山少林寺。传说达摩在此面壁打坐9年。后遇慧可，授予《楞伽经》四卷及其心法，于是禅宗得以流传。

弥勒佛 根雕

达摩像 竹根雕

达摩的形象用树根来塑造，实在是一种非常好的选择。达摩来自印度，他的容貌很独特，须髯卷曲、眉毛下垂、鼻子高大、颧骨突出、两腮下垂，因历尽沧桑，所以皮肤粗糙。根材的节疤、树瘤、肌理、须根等许多特征非常适合表现达摩的外貌特征，稍用刀加工，便能得到很好的效果。达摩一生留下了很多传奇故事，如“达摩东渡”“一苇渡江”“达摩面壁”等都被根雕艺术家们很好地吸收、利用。

达摩像 根雕

达摩坐像 竹根雕

开心罗汉 开化根雕

挖耳罗汉 竹根雕

（3）罗汉

罗汉，是修行得道的高僧，“罗汉”同样出自梵语，是音译“阿罗诃”的简称。罗汉在佛教中的地位仅次于佛与菩萨。只有释迦牟尼在世时，修行优秀的弟子才能有机会成为罗汉。

罗汉从印度传入中国时为十六尊，称十六“尊者”。这在唐朝高僧玄奘翻译的《大阿罗汉难提密多罗所说法住记》（简称《法住记》）中有相关的介绍，该书还详细说明了十六罗汉的名称。但罗汉具体的形象特征是没有书籍记载的，因此这十六位异国的罗汉逐渐被中国化，并从十六罗汉演变成十八罗汉。这十八罗汉分别是坐鹿罗汉、举钵罗汉、托塔罗汉、骑象罗汉、笑狮罗汉、开心罗汉、探手罗汉、沉思罗汉、挖耳罗汉、布袋罗汉、长眉罗汉、看门罗汉、静坐罗汉、过江罗汉、降龙罗汉、伏虎罗汉、欢喜罗汉、芭蕉罗汉。我们经常能在佛教寺院里见到十八罗汉造像。

用树根来雕刻十八罗汉是很合适的，有许多艺术家都创作过一整套十八罗汉。纹理密布的根材可以将罗汉尊者刻画得神态丰富、姿态各异。

2. 历史题材

在根雕中也时常见到历代文人雅士的形象，这个题材颇受世人喜爱。根雕艺术家用他们的慧眼识别有利用价值的根材，再用手中的工具稍加雕刻，就把一段段盘根错节、纹理密布的树根，雕刻成了孔子、屈原、陶渊明、李白、苏东坡、郑板桥等历史名人，他们有的忧国忧民，有的才华横溢，有的忠义正直。艺人们在创作时通常不会忽略人物的性格，将其与人物的外貌特征紧密结合，再依据根材的外形、肌理，雕刻出的人物造型形神兼备，气势非凡，受到人们的青睐。

古代仕女造型也常能给根雕艺人们带来灵感，一个个芳华绝代的妙龄女子，都在根雕艺人们的手中绽放光芒。细致的雕工可以展现仕女身穿的随风而动的裙裾，婀娜多姿，容颜俏丽，执扇的玉手，柔顺的秀发，羞怯的神情，一颦一笑中都充满了美感，让人移不开目光，仿佛从作品中就能闻到美人身上散发的幽香，耐人寻味。著名的根雕艺术家蒋德文非常喜欢创作仕女的形象，他精心雕刻的作品有的眉眼秀丽，丹唇含笑，给人一种娴静的美感；有的雍容华贵，显得人比花娇。

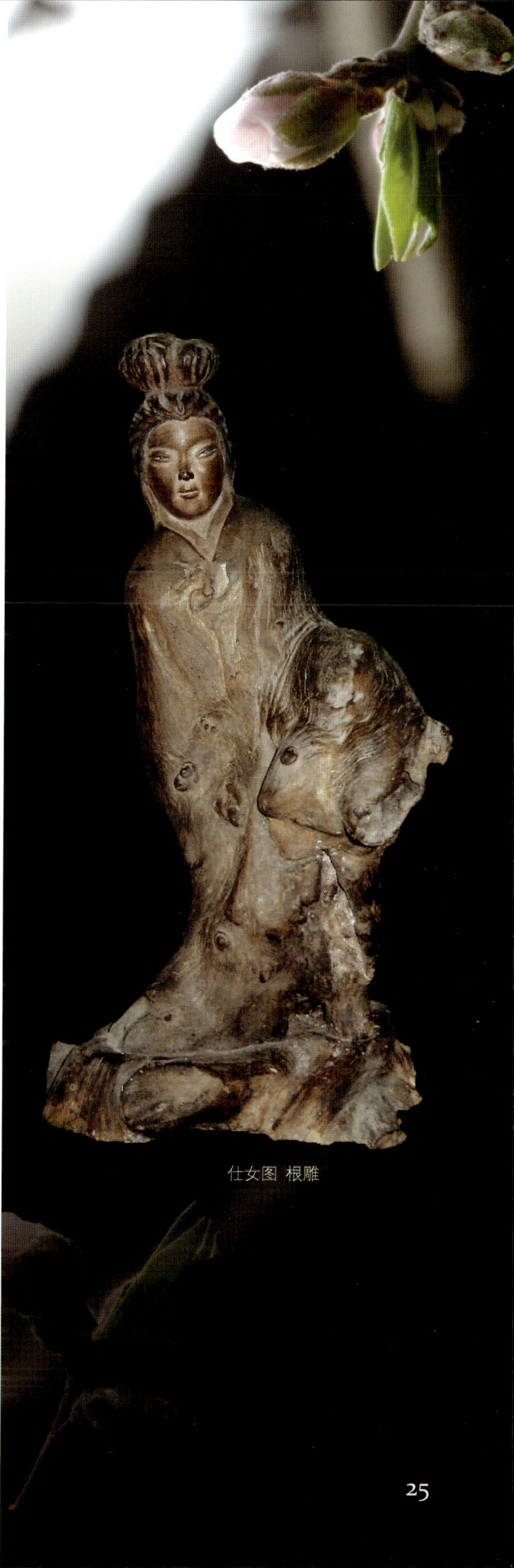

仕女图 根雕

3. 动物题材

用根雕来创作动物造型也是非常有特色的。根材的纹痕、节疤、肌理对动物躯体、皮毛、肌肉的刻画非常适宜。根雕中涉及的动物主要有两种类型：一种是神话传说中提及的神兽；另一种是现实生活中存在的动物。

神兽，是人们对自然界中的走兽进行美化、赋予其更神奇的功能而形成的，是古代先民在与大自然搏斗的过程中，在追求美好境界的愿望中虚构出来的。神兽源于自然，又高于自然，它是人们征服自然的精神寄托。在根雕中经常出现各种神兽，主要包括龙、麒麟、貔貅、凤凰、独角神兽等根雕瑞兽形象，它们基本都含有美好喜庆的寓意。现实中存在的动物，天上飞的，地上跑的，水里游的，都被根雕艺术家选作题材，主要包括鹰、蝙蝠、喜鹊、孔雀、金蝉、狮、虎、豹、马、牛、羊、鱼等。

豹 根雕摆件

凤凰 根雕摆件

◆ 竹根雕

竹，在中国传统文化中，地位非常不一般。历代的文人雅士都歌颂竹的坚贞、谦虚、高风亮节等高贵品质，而雕刻艺人则根据竹的根实竿挺、色润质贞的材质特性，雕琢出非常具有地方特色的竹根雕艺术品。

清 八仙过海 竹根雕

渔家乐 竹根雕

竹根雕所采用的材料主要是毛竹根。在我国南方，苍翠茂密的毛竹林是很多见的。竹农们会在每年的秋冬之季将冬竹砍掉，这样就会看到许多又长又大的毛竹根遗留在山坡上。为防止竹根被虫蛀，竹根雕艺人们通常会在中秋以后到山林中去采集竹根。毛竹根的根须会牢牢地扎根在坚实的山地里，直径范围可达半米以上。艺人们必须小心翼翼地慢慢挖掘，以免破坏毛竹根的天然须根。挖掘完毕以后，要小心地将竹根表皮和须根上的泥沙和污垢清理干净，使得根上的天然纹理得以显现，然后还需要再把它浸泡到水中；等待半个月后，竹根部的纤维便会发软，这样的毛竹根比较利于艺人们施艺。

渔翁得利 竹根雕

竹根雕通常有两种形式：一种是传统的通体雕；另一种是现代的局部雕。

通体雕其实就是圆雕，这种形式在竹根雕中非常常见。早在明朝，竹根雕就已经受到人们的广泛关注，其中上海地区出现了一个“嘉定竹雕”，此派别的人物为祖孙三代，又被称为“三松”。他们运用天然的竹根，因材施艺，雕刻出的人物形神兼备，花卉瓜果生动形象。竹根雕作品的种类主要是观赏品、笔筒、文房四宝等。

现代的局部雕只对竹根的局部进行雕刻，使人工的雕刻部分和根材的天然部分和谐地结合在一起，达到天然美与人工美的统一。如今市面上见到的竹根雕大多是通过局部雕制成的。

局部雕造型最出彩的往往是人物头像，一部分是因为竹根部的竹肉厚，非常有利于精雕细刻，但更重要的原因是天然竹根自带竹须根毛和竹根上端的节，这些给艺人们带来了更广阔的创作空间。有的艺人正好用根须做人物的须发，经巧妙处理，竹根雕头像变得别有一番韵味，比木雕头像更为生动鲜活，比泥塑头像更为清新自然。就是这样简单无奇的毛竹根，到了艺术家手中也能变废为宝，成为一件件令人叹为观止的艺术品，可见根雕这门艺术的魅力不容小觑。

清 卧兽 竹根雕

◆ 根抱石

根的自然形态，是根雕艺人进行创作的载体。在自然界中，根为了树木能茁壮成长，需要充分从大地中吸取养料和水分，根很强健，它们无孔不入，抱石而长，甚至能够穿石而过，经过外部环境的洗礼，形成了盘根错节、古拙扭结的外形，似在赞叹生命的顽强。正是由于根生命力极其顽强，才会出现根抱石这种根材与岩石缠捆在一起的特殊现象。根抱石为根雕艺术的创作提供了更为广阔的空间。

根抱石常见的形式有“根附石”“根抱石”“根夹石”等，根与石融为一体，屈伸有度。技艺高超的根雕艺人将这种特殊的造型奉为珍宝。用根抱石创作时，他们有的将石块去除，只用那天然扭曲、富有节奏感的根材；但大多数艺人则是依势度艺，巧妙地利用这种根与石结合的现象创作出“根抱石”的作品，创作得十分巧妙，犹如神来之笔。

蜥蜴 根抱石

阴阳罗汉 根抱石

济公 根抱石摆件

近年来，根抱石佳作不断，有“飞来峰”“嬉笑怒骂酒中神”“力拔山河”“倚石远眺风光美”等，令观者大开眼界。如“飞来峰”将根抱石中根的部分雕刻成活佛济公，石块就成了其顶住的巨石，此作品显现出他法力无边；“嬉笑怒骂酒中神”雕刻了一个抱着酒壶、倚靠着石头、悠然自得的济公形象；而在“力拔山河”中又将巨石与弥勒佛的形象结合在了一起，显示出弥勒佛的力大无比。

根雕的加工工艺

根艺创作是一项艰苦的劳动，需要经过选材、构思、去皮、雕刻等一系列的步骤才能完成，需历时一年半载，甚至会花费更长的时间。

◆ 选材

根雕制作首先需要选好材料。选用的根材必须质地坚硬、细腻润滑、木性稳定，不易开裂变形，不易被腐蚀等，像黄杨、檀、榉、柏、榆等的树根都是符合以上条件的好材料。另外，不要忽略长久深埋于水底泥沙中的残枝断根，经数千年磨砺炭化形成的古老阴沉根木，更是适宜根雕的上好材料。

手杖 根雕（局部）

手杖 根雕

根材造型的选择应以稀奇古怪的造型为好，这样的根材并不是轻易就能得到的。一般生长在平原或土壤肥沃地区的树根难以有怪异的形态，这是因为在这样的土地上水分和营养充足，根生长快，木质纤维疏松。越是恶劣环境中的根材，越能达到艺术家的标准。如背阳生长或悬崖峭壁石缝中的根，或是经雷劈、火烧、石压、人踩、刀砍等外界条件威胁而顽强生存下来的树根，由于缺少水分和养分，就要拼命生长，又受到种种限制，久而久之，就变得坚硬、曲折、遒劲了。

动物形根雕

笑佛 开远根雕摆件

◆ 构思

根雕艺术品最吸引人的地方就在于造型独特、内涵深刻，因此构思造型是一件根雕作品成败的关键。根艺创作的构思，要充分尊重根材的天然形态，注重展现其自然之美，而一切人工的加工痕迹需藏而不露。构思时要对根材进行多角度的观察，反复揣摩，一定要心中有数后再下手雕琢。如构思未成熟一时难以有灵感，也可搁置一段时间，有时过去一段时间后，会茅塞顿开，发现意外的收获。

马到成功 根书

◆ 去皮

把合适的根材带回来后，需要先清除干净根材上附着的泥沙。清理时要小心仔细，既要将根材上的纤维及孔隙内的泥沙清干净，又不能损伤根材、破坏纹理。然后可将根材放于锅炉中，用锅炉的蒸汽进行蒸煮。根材经过蒸煮后，就不易变色、长虫、开裂。接下来就需要给根材去皮了。去皮的方法多种多样，不同根材也有不同的去皮方法。可用浸泡法，就是将根材放在水中泡数天，使根皮膨胀后脱离木质，再用刀除去外皮，将湿根皮清理干净后，放到阴凉处阴干即可，注意千万不能暴晒。也有人采取火烧法去皮，即把根皮烧焦再剥。此方法比较适合那些带有腐朽的凸凹根节的根材，往往去皮后会形成很好的效果。根雕品生产工厂常采用机械去皮法，此法是将干透的根材用喷砂机或滚砂机去皮，机械去皮法速度快，效率高，批量生产实用品时使用最佳。不管选择哪一种方法去皮，都应小心谨慎，不要损伤根材表面纹理。

水壶 根雕

◆ 雕刻定型

准备工作都做好以后，就可以着手雕刻加工了。长短不一的根须，应根据构思情况决定去留，不需要的就剪裁掉。凹面可采用火烧法，加工成天然洞穴。凸面可加工成瘤状，达到自然美的效果。雕刻时不必非得达到完全逼真的形象，保持天然美感很重要，创造出抽象、夸张或朦胧的造型。根据作品需要，有的不需要过多动刀，只对根的枝杈进行一些雕琢、修饰便可。有些根料若残缺不全，也可用拼接法进行雕刻，但手法要精巧，使之浑然一体。雕刻完毕，需先用粗砂布将根料打磨一遍，将雕琢的痕迹磨平，再用细砂布仔细擦磨，直到根雕表面光亮可鉴。用砂布擦时要小心，不要将作品损坏，也要避免破坏它原有的色泽和纹理。

采药老人 竹根雕

◆ 上漆

根雕作品一般是刷清漆，均匀地在表面涂三遍即可。根雕工艺的实用品如花盆架、茶几等，可涂调和漆，这样才显得古朴雅致，更具有观赏价值。上漆可使根雕工艺品的天然色泽得以保持，并能防虫蛀、防腐蚀，增加工艺品的寿命。

罗汉 竹根雕

根抱石摆件

◆ 命名

优雅美观的根雕作品再配上一个诗情画意的名字，这会为整个作品增色不少。命名时可从根雕的形态及意境等方面思考，给观赏者留下想象空间。好的命名可以引起观赏者共鸣，提高作品的观赏价值。

根雕的主要流派

根雕历史悠久，经过历代雕刻工匠们的努力、传承和发展，雕刻工艺越来越精湛，作品种类越来越多，质量越来越好。在发展的过程中，我国的根雕衍生出了不同风格的流派，下面我们简单介绍一下。

◆ 精美绝伦的开化根雕

浙江开化的根雕全国闻名，因此开化也被誉为“中国根雕之乡”。而开化根雕也成为浙江东阳木雕、青田石雕、黄杨木雕之后的“浙江第四雕”。

开化根雕是一种新的艺术形式，它的发展是以浙江传统木雕为基础的。1949 年之后，开化根雕摆脱了木雕艺术从属门类的身份，成为独具特色的独立艺术门类。开化根雕以徐氏根雕为中心。在此地根雕艺术传承与发扬的过程中，徐氏根雕的传人、著名根雕艺术家徐谷青先生发挥了重要作用。

烟灰缸 根雕

松段壶 竹根雕

葡萄 竹根雕摆件

童子戏牛 竹根雕

著名的国家 5A 级旅游景区——开化根博园就是由根雕艺术发展而来的，已打造成为一座文化氛围浓厚的艺术园区，完全以根雕艺术为主题，融合了山水园林、茶艺、奇石盆景等多种文化元素。根博园是根雕艺术发展过程中的新尝试，具有天然野趣的根雕艺术自然能够很好地与自然景致融合起来。这样的形式对弘扬根雕艺术文化有很多好处，能够让更多的人走近根雕，了解根雕。

◆ 异军突起的上海根雕

上海这座现代化都市经济发达，商业繁荣，很早便和国际接轨，借助这些便利的条件，上海成为根雕艺术发展的“新贵”。上海根雕属于新根雕派别，有别于传统根雕产地。

上海根雕一方面传承了浙江根雕的优秀传统，另一方面融合了西方艺术的理论和精华。上海根雕包容性极强，是当代艺术的典范。上海根雕是现代根雕艺术的集大成者，在繁荣的社会经济条件下，再加上国际交流与合作的推动，呈现出了旺盛的生命力。相信在各种文化不断交融的今天，上海根雕一定会拥有更美好的明天。

两小无猜 象山竹根雕

美女 竹根雕

◆ 独具魅力的象山根雕

象山根雕具有非常明显的地方特色，因它的主要雕刻材料为毛竹根，因此又被叫作“象山竹根雕”。象山根雕一方面继承了我国明清时期竹根雕刻工艺的优秀传统，另一方面借鉴了现代西洋的艺术理论。象山竹根雕在充分尊重毛竹根天然形态的条件下进行创作，涉及的题材主要是各种人物、动物等。象山根雕雕刻出的造型十分逼真，具有极高的观赏价值。象山竹根雕的造型别具一格，与传统根雕的用料有所区别，加工时连根带须，一并应用，使得雕刻出的成品浑然天成、野趣十足，与现代人追求自然淳朴的心理相吻合，是当代竹根雕艺术的典范。

◆ 日新月异的嵊州根雕

嵊州坐落在浙江东部，这里人杰地灵，文化底蕴深厚。20 世纪 70 年代，现代嵊州根雕兴起，发展到 90 年代趋于成熟，这里雕刻的根雕已经很出名，2007 年嵊州被命名为“中国根艺之乡”。现如今，嵊州根雕的从业人员和掌握相关技术的人员越来越多，发展势头迅猛。在令人眼花缭乱的艺术殿堂里，嵊州根雕正以崭新的姿态和深厚的文化沉淀而备受世人关注。

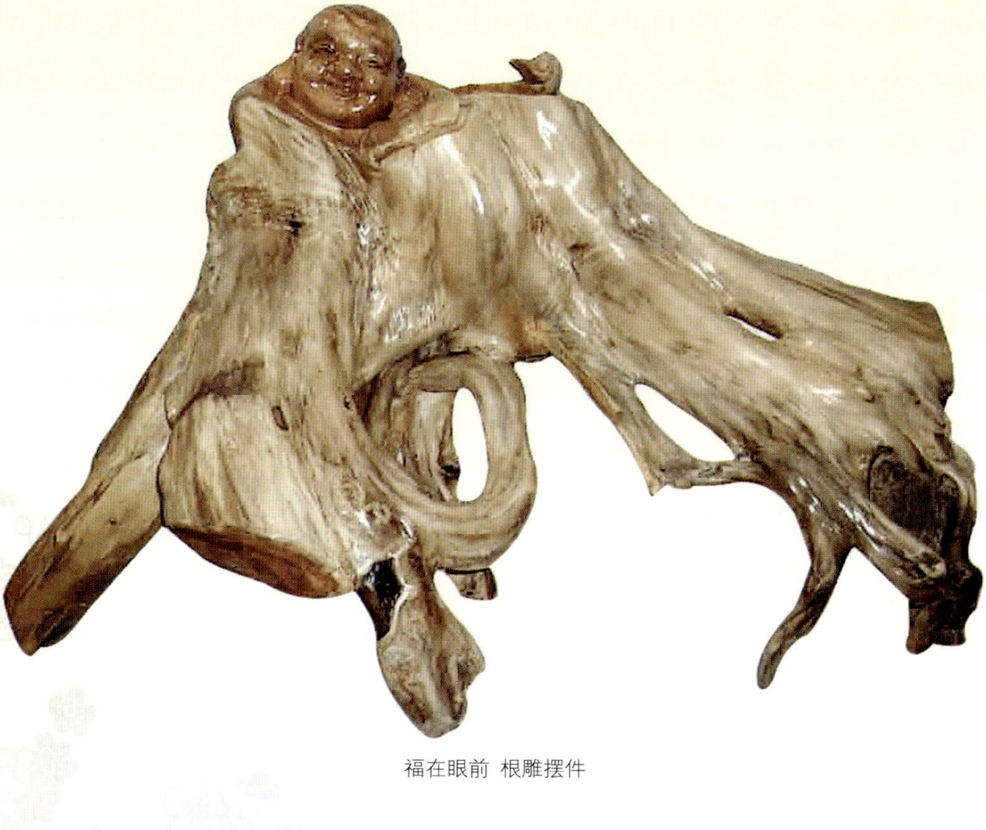

福在眼前 根雕摆件

◆ 生动传神的福建根雕

福建根雕历史悠久，技法娴熟，涉及各种丰富的题材。福建根雕中的自然型根雕与雕刻型根雕在全国都很有名，两种雕刻的风格差别很大。福建属于根雕大省，这里出现的优秀根雕艺人很多，他们为福建根雕的发展在不断贡献着自己的力量。福建根雕艺人在继承前人优秀传统的基础上，又不忘勇于创新，使得福建根雕始终透出新意，绽放出独特的艺术光芒。

清 东方朔像 竹根雕

福建根雕最常用人物题材，把对人物脸部造型的刻画作为重点，人物的性格和情绪都能通过生动的脸部表情得以体现，十分生动传神。

清 人物坐像 竹根雕

根雕的鉴赏

对根雕艺术的鉴赏就是人们对根雕作品形象的感受、理解和品评。鉴赏时，由于观赏者的生活经历、审美观点、艺术修养、思想感情等方面的差异，其结果必然不尽相同，但鉴赏根雕还是有一定标准的，下面我们从几方面来介绍。

清中期 松亭赏图纹 山子竹根雕

财神像 根雕

山鹰回首 根雕摆件

◆ 从天然形态鉴赏

许多艺术，如书法、绘画、诗歌、园艺等都崇尚自然美，根雕也不例外。而且进入现代社会以来，人们越来越推崇古朴雅致、简约自然的艺术。有人曾写下这样的诗句："我的花园由自然的手描成，而不是由艺术的手，它赏心悦目。"自然的美，才是最伟大的美。根的自然美是大自然赐予的，它的形体盘旋扭曲、交织跌宕，似龙蛇走动，线条飘逸、流畅，拥有似像非像的韵味。根枝的扭曲盘结、怪异缠裹体现了自然造物的意趣美；根木或厚重，或灵巧，或轻薄，体现了似是而非的抽象美。这些都展现了根最本质、最原始的美。天然的根材美得自然而古朴，美得让人如痴如醉。这种天生的自然美，不是人力所能企及的，过多的修饰雕琢，反而显得矫揉造作。也正因为如此，以这样带有浓厚天然野趣的树根做材料的根雕艺术，才如此迷人，如此与众不同。

◆ 从艺术方面鉴赏

艺术美同样是根雕所追求的。根雕艺人先要慧眼识宝，再用其高深的艺术修养、精湛的雕刻工艺把根似像非像的朦胧之美，根肌理、线条、色泽等各方面的美最大限度地表现出来。在根雕工艺品的制作过程中，还要将某些锯截或斧凿的痕迹，与根的自然美相融合，使之浑然一体、宛若天成。

根雕的艺术美，依赖精湛的雕刻工艺。如果根雕艺人手中拥有一件十分难得的奇异根材，又有一个十分与众不同的构思，而只是因为技艺低下，无法将脑海中的绝妙构思付诸行动，这将是多么遗憾的事情。因此，吸收和借鉴先人雕刻的优良经验，努力提高自身的雕刻工艺，学习和掌握各种先进的加工工具的性能和操作技巧是非常重要的。根雕作品加工，讲究“三雕七磨”。

清 佛手笔架 竹根雕

清中期 寿星像 竹根雕

观音像 根雕

雕刻时的加工要依形取势，按照根材的纹理和扭曲状态进行加工。雕工上乘的作品，不管是雕刻什么题材，不但外形要生动形象，作品还要有神韵。如果表达欠缺，那就会影响此作品的价值。雕刻完成后还要对作品进行修磨。磨光时要按照作品的色泽和纹理，要顺其自然、恰到好处。如果鉴赏根雕时，在其显眼处发现了锉痕锯痕，那这件作品的工艺就不够细致。

根艺创作需要尊重自然美，但又不能照搬自然，需凭借作者丰富的想象和娴熟的技艺，弥补自然的不足，这是根艺创作必须遵循的基本规律。这样才能达到根雕艺术强调的“天人合一”的内涵。工艺精湛的艺术大师能使根雕作品“活”起来，使其富有神韵，这样的作品达到了根艺的自然美与艺术美最完美的融合，这类作品必然具有很高的收藏价值。

◆ 在现实生活中鉴赏

不管多么精妙高深的艺术都来源于生活，是在人民大众之中产生的。如《丰子恺论艺术》专著中谈道：“有生即有情，有情即有艺术。故艺术非专科，乃人所本能；艺术无专家，人人皆生知也。”从中我们不难看出，艺术是为大众服务的，每一个人都可以享受艺术、谈论艺术，接受艺术的熏陶。古今的无数事例告诉我们，人民群众的艺术生活会促进艺术家的研究和创作，促使艺术手法更多样，构思境界更高深。

根雕是一项民间工艺，深入社会生活可以了解其制作技艺，了解很多根雕作者的艺术表现力和感染力，还可以了解和认识各种根材的本体状态。如今，根雕行业越来越兴盛，越来越多的人加入到根雕收藏的队伍中。

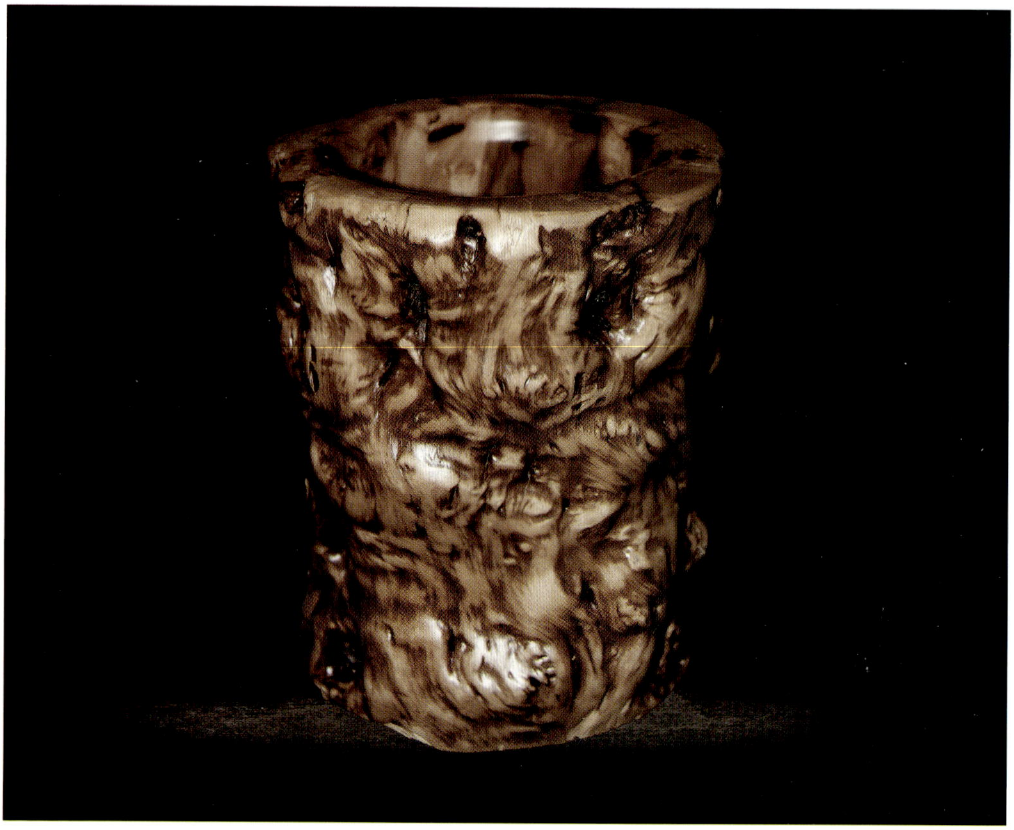

笔筒 根雕

清乾隆 荷叶形洗 竹根雕

根雕作品琳琅满目，自然风格迥异，既有“阳春白雪”，也有“下里巴人”；既有恢宏大气的，也有高雅细腻的。只有投身于现实生活，我们才可以真切地去比较、去感受，才能做出客观的评价。

社会生活中根雕作品涉及丰富多彩的主题。作者所处的环境对根雕主题的影响很大，反映出不同的生活情趣。艺术家创作的根雕精品大都吸收了民间的艺术营养，其文化内涵、根块构成等都深受现实生活的影响。民间艺术在社会实践中不断指导着根雕艺术的发展方向，自然而然地形成了更高的审美观和价值取向。深入社会生活鉴赏，就是了解大众的审美观点，以此来把握艺术的表现形式，以求达到更高的审美境界。

钟馗 竹根雕摆件

根雕的命名方法

根雕作品完成后，还需要取一个响亮的名字，这样的作品才算完整。根据多年来根雕艺术的发展状况，本书总结了一些根雕常用的命名方法。

◆ 以形命名

以形命名是比较简单的命名方法，适用于有具象外观的作品。这种命名方法就是作品像什么，就取什么名字，能直截了当地点明主题，不会使观赏者产生异议。观赏者看到名字后就会感受到自然的造化之功和艺人的雕琢之妙。

清 鹿 根雕

和合二仙 竹根雕（之一）

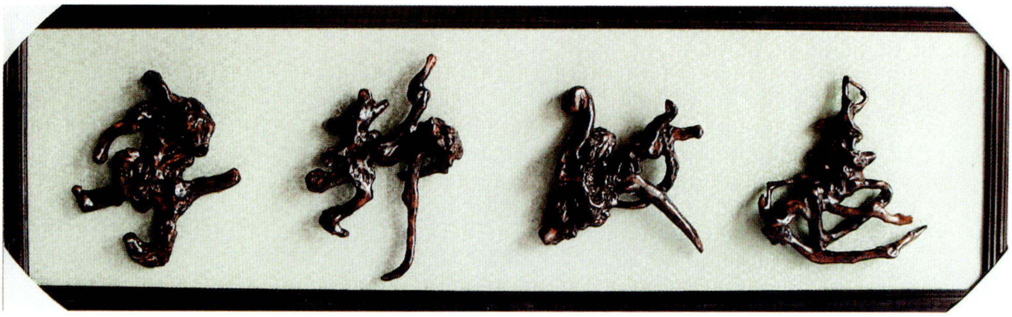

宁静致远 根书

以形命名就要一目了然、一语中的。若作品形象为动物类就可直接按作品形象如龙、虎、狮、狼、猴、骏马、骆驼、狐狸、雄鹰、仙鹤、锦鸡等命名。具象造型也惯用人物造型，其命名有飞天、菩萨、弥勒佛、八仙群像、济公、寿星、王昭君、屈原、韩信、维纳斯等。

根雕作品有时也会制作文字的造型，展览会或报纸中曾提到过的命名有“难得糊涂”“寿比南山”“福如东海”等。

◆ 以意命名

以意命名一般针对似像非像造型的作品。命名时，可按照作者的主观情感，将作品具体的形，化为内涵深刻的意，可以让观赏者去感知作品的意境。以下名称就属于这种类型：“汨罗江之魂”“寒江垂钓”“浴女”“车马行”“韩信辞汉”“太白醉酒”“龙腾虎跃”“鹏程万里”等。以意命名的特点是意味深长、发人深省，令人回味无穷。

逆风 意象型根雕

◆ 以势命名

这种命名方法就是依据作品的整体之势来命名。往往形成寓动以静、呼之欲出的效果。以势命名的作品名称，如“惊回首”“灵魂迎风”“冲”“斗牛”“呼唤”“飞天”“力的较量”“美的旋律”“舞”等。这种命名方式是通过作品中的动势来表现静态生命的运动，使作品展现出鲜活灵动的意蕴。

清 笔筒 老竹根雕

豆荚烟壶 竹根雕

◆ 叙诗命名

叙诗命名，顾名思义就是用诗句来命名，依照作品的造型和神韵来概括其内涵，使作品境界显得诗情画意。此类命名方法需要命名者具有较高的文化内涵和艺术修养，能看出别人看不出的内在韵味，如“鸿鹄之志九万里”“欲与天公试比高”“起舞弄清影”“游之归来泪是喜”等。通过作品意境表达作者的心声，带给观赏者无尽的遐想和高雅的情调。但命名时也要注意，命名要贴切，如果生搬硬套、故弄玄虚、牵强附会，就得不偿失了。

◆ 以史命名

以史命名就是利用中华民族悠久历史的文物古迹、民间典故等来给根雕命名，这样的方法可以反映出传统文化的精神内涵。如“鼎”“世纪宝瓶竹”“唐三彩”“秦俑”“编钟乐舞”等是以古迹、文物来命名的。民间典故一般是古代人物发生的一些故事，此类命名如“贝多芬”“盘古”“维纳斯”“大禹”等。以史命名的特点是给人以启迪，这会令观赏者的思绪回到当年，回味历史的一瞬间。

清康熙 骑鹿寿星 竹根雕

刘海戏金蟾 竹根雕

◆ 以文命名

根据中外的文学故事、神话传说、成语典故、风土人情等文化故事来命名。“金陵十二钗”“悟空探路”“羿射九日”“黔驴技穷”“龙凤呈祥”“项庄舞剑”“楚风”“塞外春雨”等都是此类命名。以文命名让人倍感亲切，往往能达到弦外有音、言外有意的效果。

◆ 依时命名

依据根雕作品的外形及神韵，以其能展现出的时代精神来命名。这样的命名可以恰到好处地点化物象、借物言情，如“拼搏”“腾风”“亚洲醒狮”“回归”“母爱”“世纪魂”“老根春来”等。依时命名可以很好地展现作品的时代风貌和浓郁的时代气息。

总之，根雕作品的命名方式多种多样。作者的命名要以根雕作品的特点为基础，同时再传达作者的情感、思想和艺术的美，命名是能够令观赏者与作品产生共鸣的最有效的方式。

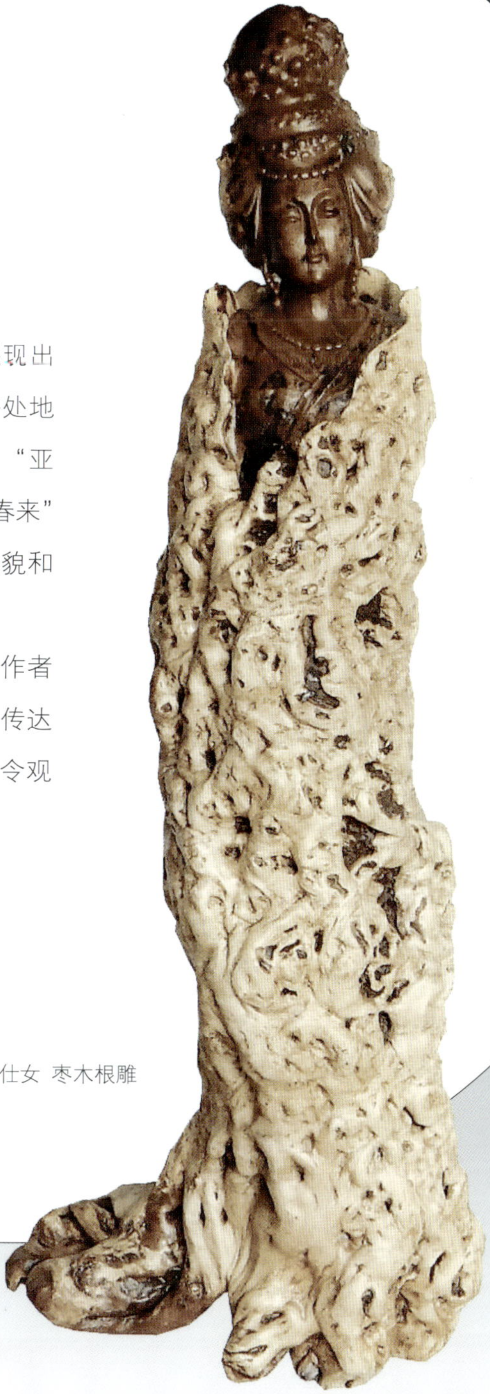

仕女 枣木根雕

根雕作品的保养

根雕作品能够陶冶人的性情，提高观赏者的审美水平，同时也能为居室增添许多情趣。因此根雕作品的保养非常重要。

根雕作品不宜在阳光下暴晒，长时间接受阳光照射也对根雕作品不利。这是因为强烈的光照会使作品褪色，容易出现开裂的现象，而且作品表面有保养作用的蜡层也会融化，还会导致漆膜脱落。

清 螭龙杯 竹根雕

水牛 竹根雕

根雕作品也不适于过于阴暗潮湿的环境，放置根雕的居室要注意空气流通。在阴暗潮湿的环境中根雕易发霉或是被虫蛀，产生腐烂空洞等现象。损害根雕的害虫多为各种蛀木虫和白蚁，收藏爱好者可用放置樟脑丸或喷洒杀蚊子用的喷雾剂来防虫害。

沾染了灰尘的根雕作品最好不要用水洗，浸泡在水中就更会折损根雕的寿命了。

避免根雕作品接触带有腐蚀性的化学物质，以免发生化学反应，使得根雕表面的保护膜被毁坏。

茶几 楠木根雕

根雕作品一定要远离明火、火墙、火炕、火炉等物。冬季不要将其摆放在暖气附近，也不适宜在温度过高的室内放置。

要注意保持室内清洁。根雕一般会暴露在外，易被灰尘污染，越是细小的部分，越容易积灰，而灰尘中带有种种氧化物及杂物，因此要勤清理灰尘，以免工艺品表面被腐蚀。清洁时可用鸡毛掸子轻轻掸走灰尘，也可用含蜡质的或含油脂的纯棉毛巾擦，注意一定不能用带水的毛巾擦拭。建议半年打一次蜡，以期更好地保养根雕。

在收藏根雕的过程中要尽量避免对其撞击与碰击，尤其是透雕部位，非常脆弱，要妥善呵护。

茶叶罐 根雕

木
雕

第二章 古朴典雅之木雕

木雕是雕塑的一种，在我国民间非常流行。木雕工艺品是纯手工立体雕刻，古朴典雅、生动形象。木雕在我国历史悠久，是古典艺术的精华。

木雕的历史溯源

◆ 先秦时期

我国木雕历史源远流长，在原始社会的新石器时代后期就已经萌芽。这一时期先民已经具备了成熟的打磨石器的工艺，为打磨木器创造了条件。而且，在原始社会发展的后期，打磨出的器具除具有实用价值外，还具有观赏价值。这些简单的雕刻木器就是现代木雕作品的雏形。1973 年在浙江余姚河姆渡文化遗址出土了距今 7000 年历史的木雕“鱼”；辽宁沈阳新乐遗址 2 号坑出土了“鸟形木雕”，这相当于是新石器时代的浮雕作品。在我国一些古代典籍中，也有少量关于木雕制作的记载。

河姆渡 朱漆木碗

战国 彩绘木俑

战国 木俑（一）

战国 木俑（二）

在我国木雕发展史上，商周时期非常重要，木雕工艺在这一时期得到了快速发展。殷商时期，木雕开始用来装饰建筑。雕花彩饰镶嵌野猪牙片的木椁板就是在此时期河南安阳侯家庄墓葬中发现的。商朝的宫廷、宗庙建筑有相当一部分是用木雕装饰的，当时的雕刻技法还比较粗糙。商周王朝属于奴隶制社会，这两个朝代显著的文化特征是重视农耕和祭祀。在这样的情况下，祭祀用品发展迅速，因而木雕技艺也就得以迅速发展。但木制品不易保存，因此现今流传下来的商周时期的木器和木雕非常稀少。

春秋战国时期，人类社会开始由奴隶社会向封建社会迈进，社会生产力的发展以及炼铁术的出现都为木雕工艺的发展创造了条件，这时木雕的表现手法由简单的刻纹发展到立体圆雕，镂雕、斜刀平雕等技法也被广泛应用。

另外，漆器工艺在此时期发展迅速，这一势头持续到了汉朝。而漆器的发展与木雕工艺关系密切。湖北江陵楚墓出土了“漆木鹿”“彩漆木雕鸟兽座屏”“木雕双凤漆座屏”，这说明当时的木雕不仅造型美观、题材丰富，而且在装饰范围、表现形式等方面也有很大进步。

◆ 秦汉时期

从秦朝开始，我国古代持续了两千多年的封建王朝得以建立，秦始皇结束了长期的割据混战，完成了国家统一。此时期社会生产力有了较大的发展，社会政治、经济、科学、文化都有所发展，秦始皇又统一度量衡，促进了工艺融合。统一六国之后，秦始皇会集了全国的能工巧匠，建造宫殿和兵马俑等，这也促进了木雕的极大发展。在此时期木器制作逐渐形成规模，官府还设立专门机构统一管理木材运输等方面，因此木雕工艺品数量逐渐增多。

汉朝是继秦朝之后的又一个大一统王朝，建立初期，统治者实行休养生息的政策，经济逐渐繁荣起来。

西汉 彩绘木俑

汉朝的文化对中华民族有极其深远的影响。秦朝统一了六国，六国不同的雕刻工艺相互融合并传承至汉朝。从汉朝开始，雕刻艺术统一流传起来，汉朝是中华民族得以发展出灿烂文化的重要起点。

圆雕、浮雕等雕刻手法在此时期应用较广，木雕作品风格既有南方楚国的浪漫主义特点，又重视表现人物、动物的形态与表情。而且彩绘的方式也广泛应用于木雕作品中。另外，汉朝除了制作精美的木雕、木俑以外，还将木器用在军事上。

秦汉时期有厚葬的习俗，这也大大促进了木雕工艺的繁荣。现今出土的当时的随葬木俑非常丰富，有各种形象，如犁田、收割、打杂、奏乐、乳母等，长沙马王堆一号西汉墓出土了 160 多件木俑，甘肃武威、广州龙生岗汉墓中出土的木雕除了人物俑、动物俑外，还有很多生活、生产用品，如木梳、木瑟、木船等，带有很强的生活气息。

汉 女仆 木雕

佛像 木雕

荷花净瓶观世音 木雕

◆ 魏晋南北朝时期

魏晋南北朝时期，文化和商业的内外交流使得与佛教有关的木雕艺术迅速发展起来，为木雕艺术提供了又一个新鲜的题材。天监年间（502—519年）梁武帝广建佛寺，尤其是在江南一带，更是耗费巨资，有力地推动了建筑装饰木雕的内容和形式的转变。佛教题材的雕刻既有拼木雕刻，也有独木雕刻，注重精雕细刻，规模极大。东晋著名雕刻家戴逵在会稽（今浙江绍兴）用一整棵树雕成一尊“无量寿佛”，是木雕佛像的先例。

◆ 隋唐五代时期

隋唐时期又是封建大一统的时代。此时期政治相对稳定、经济繁荣、国力昌盛，为艺术和文化的发展提供了良好的物质条件。统治阶级花费大量钱财修建宫殿和寺庙，当时的木雕创作题材更加广泛，表现内容既涉及宗教，又带有现实的气息，在表现上更加真实。唐朝佛教木雕中的力士形象塑造得非常到位，整体形象刚柔相济，肌肉夸张得体。隋唐的建筑装饰木雕辉煌华丽，雍容华贵，显示了盛唐时期一派繁荣昌盛的景象。今天我们也可以在五台山的南禅寺、佛光寺一睹当时建筑木雕雄浑华美的风采和精湛的雕技。另外，唐朝的木偶戏造型也是非常具有代表性的。

五代时期的木雕艺术品深受隋唐艺术的影响，浓厚的唐朝遗风充分表现在其工艺技法上。其中最具代表性的要数在新疆吐鲁番阿斯塔那古墓残存的彩绘木俑，它们具有浓厚的盛唐遗风。又如在江苏扬州邗江蔡庄的一座五代墓中出土了一批着衣木俑，其工艺精湛，木俑的神态和服饰的美都得以充分显现，使木雕艺术的人物造型在表现上又向前迈进了一大步。除此之外，这一时期的木雕在生活用具的应用上也很广泛，如雕花木器件、木座、木床、木制乐器、木花几等，上面的图案丰富多彩，有龙、凤、蕙草、云纹、缠枝牡丹等，所用木材种类也多，不乏紫檀、黄杨、沉香等名贵木材。

唐 立佛 木雕

唐 天王 木雕

宋 罗汉 木雕

◆ 两宋时期

宋朝结束了五代十国的混乱局面，完成了全国的统一。宋朝尤其是南宋由于在军事上的积弱，后人对宋朝一直颇有非议。但尽管如此，有一点我们却不能忽略，宋朝的经济在我国古代封建社会中是相当繁荣的。虽然对外军事实力不强，但是宋朝国内的局面一直比较安定。经济上的繁荣有利于艺术的大力发展，宋朝木雕艺术在继承前朝的基础上得到提高，到达了一个新的繁荣时期。宋朝出土的木雕文物也大多与佛教有关，但是有其自身鲜明的特点，宋朝佛像木雕人物体态优美，身体比例匀称。宋朝佛像木雕中的菩萨形象塑造得最成功，是宋朝寺庙佛像的主要种类之一。宋朝的海运和商业十分发达，集市贸易开始出现在许多城镇，手工业作坊发展迅速，木雕艺术便由此得到了快速发展。也是由于以上原因，宋朝小件木雕极为流行，遗存下来了不少，虽然作品较小，但造型别致、活灵活现、精致秀美，观之韵味十足。北宋著名的“技艺夫人”严氏能用檀香木雕刻五百罗汉及其侍从弟子，这些人物表情传神、相貌各异，令人惊叹。历代木雕工艺总离不开建筑装饰，宋朝也不例外，其在建筑上的成就也十分辉煌。

宋 自在观音 木雕

◆ 元明清时期

经历了几千年的发展，木雕技艺也经历了许多磨难与变迁。元朝时期对各种宗教信仰都不排斥，因此对佛教的执着程度相对减弱，基本没有出现大型的木雕佛教造像。这一时期，建筑装饰之中用到的木雕技艺比较多。山西丁村民居、皖南宏村民居、江西景德镇地区民居的雕刻都非常具有代表性。建筑中的飞檐、栏杆、门楣、梁、柱、斗拱、匾额等都常用到木雕技艺；雕刻技法的表现形式也更加丰富，有圆雕、浮雕、透雕等；题材内容包括人物、动物、静物等；艺术手法是写实与夸张相结合。

木雕艺术发展到明清时期达到了顶峰。明清的封建经济高度发达，此时期内人民生活相对稳定，大批的民间优秀木雕艺人出现。由于年代较近，今天流传下来了数量颇多的明清木雕文物，为研究木雕发展提供了很大的便利。

清 花卉架子床 红木雕

元 菩萨立像 木雕

清中期 张骞孤舟乘槎 黄杨木雕

明清的建筑木雕成就很高，留存下来的能证明这一点的各类建筑很多，如北京故宫建筑群、明十三陵、清东西陵等皇家宫殿、园林和陵寝建筑。这一时期，明朝的木制家具深受人们喜爱，其设计简洁大方、线条流畅、技艺娴熟，形成独特的明式风格。明朝嘉靖以后出现的徽州版画，也是当时木雕艺术的一种重要表现形式。到了晚清时期，木雕工艺品除了在建筑构件装饰和木制家具装饰方面取得了不小的成就，最吸引人的是丰富多彩的小件木雕实用品和欣赏品。

清朝的小型木雕工艺品被俗称为“小器件”，包括小摆设、小玩具和文房案头的小件雕刻等，如各种瑞兽、植物形象的小物件和笔筒、砚台盒、笔架、臂搁等，令人目不暇接。明清时期，木雕题材极其丰富，常见的有生活民俗、神话传说、历史典故、戏曲故事等，此外还有年年有余、五谷丰登、龙凤呈祥、子孙满堂、松鹤延年等带有美好祝愿的内容，且雕工日趋精湛，并形成了不同的雕刻类型，有白木雕、红木雕、龙眼木雕、黄杨木雕、金漆木雕等诸多木雕门类，根据雕工技艺的不同也形成了不同的流派。

◆ 新时期

1949年以后，木雕艺术得到了全新的发展。政府及时采取有力的措施保护、恢复、提高、发展木雕工艺，对民间木雕进行抢救、挖掘，让民间雕刻艺人得到高质量的培训，同时，政府还组织民间艺人们集中生产，对其统一管理。除此之外，近代的文化交流有利于民族间文化融合，使得艺术的发展更趋于完善。西方的一些艺术理论也被融合到了我国的传统文化中，这样的吸收和借鉴，更有利于木雕文化的长足发展。如今，我国的木雕艺术走出了国门，在国际舞台上大放光芒。现在，我国的木雕艺人创作的木雕作品更多地反映现实生活，这样木雕艺术就不再仅局限于建筑雕刻和供少数人的把玩。木雕作品题材内容非常广泛，适应多种需求，还有相当一部分木雕作品用于出口贸易，为国家换取外汇。

小儿赶猪 乐清黄杨木雕

木雕的主要材料

◆ 檀香木

檀香木为檀香科，檀香属，又名白檀，俗称真檀、震檀等，因檀香木木质优良且具有药用价值，因此也被叫作圣檀。檀香的边材是白色的，没有香气，平时应用的是檀香的芯材部分。檀香是一种半寄生性小乔木，高可达 8~15 米，大者胸径为 20~30 厘米，小者仅 3~5 厘米。檀香主产于印度东部、泰国、印度尼西亚、马来西亚、澳大利亚、斐济等湿热地区。其中质量最优的为产自印度的老山檀。早在明清时期，我国的天然檀香树就已经被砍伐殆尽了，现今国内的檀香木是进口来的。檀香木纹理细密、通直或微呈波形，质地坚硬，表面光滑，手感很好，能散发浓郁幽香，在木雕用材中发挥了重要作用。我国使用檀香木的历史已有上千年了。佛像雕刻及其他工艺品的制作常用到檀香木。用檀香木雕刻出来的工艺品精致美观、高端大气，摆放于居室中香气沁人。还可以在橱柜之中放置檀香木，这样衣物可以被熏得带有淡淡的天然清香。

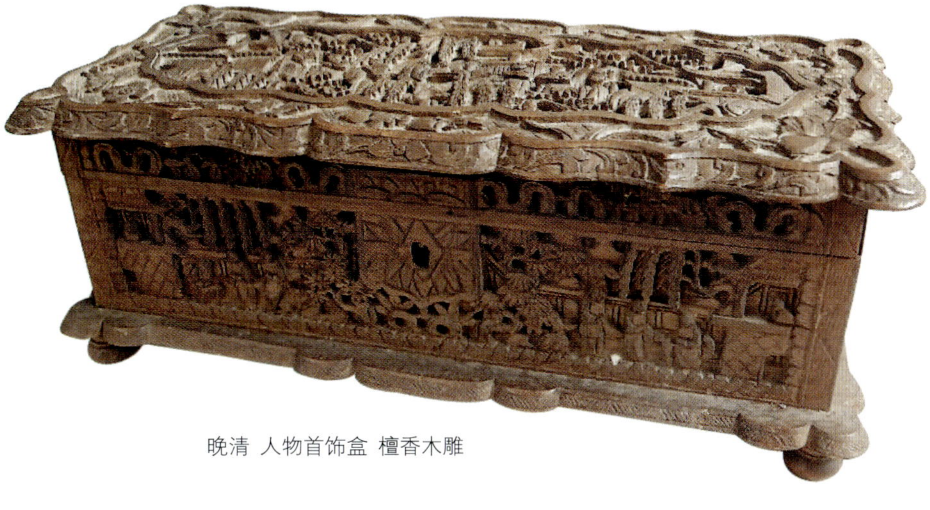

晚清 人物首饰盒 檀香木雕

百鸟朝凤 檀香木雕

酒足饭饱 檀香木雕

我们在收藏、鉴赏檀香木雕刻艺术品时应注意把握以下基本特征：首先，檀香木的颜色一般为黄褐色或深褐色，随着时间的推移，颜色会加深；檀香木具有明亮的光泽，包浆不如黄花梨木明显；生长轮较明显。其次，檀香木芳香四溢，香味持久，随着时间的推移会有所淡化，但用刀片刮削或用砂纸在其表面打磨以后，里面仍会散发出浓郁的香味。市面上常有利用普通木材浸泡、喷洒人工香精的方法来制作假檀香木的，但这种仿品不但香味不持久，而且味道浓烈刺鼻，不似天然檀香的清幽。檀香木生长条件苛刻，数量非常稀有，因此极其珍贵。

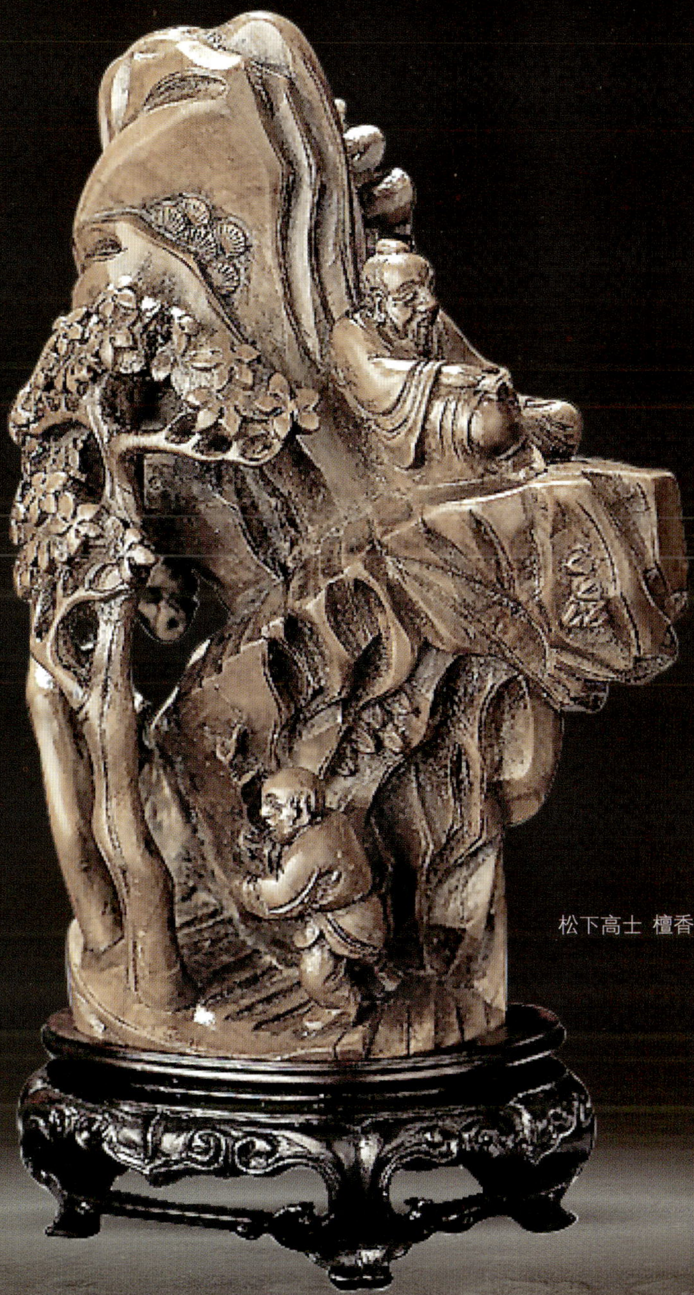
松下高士 檀香木雕

老山檀的鉴定

人们习惯于把印度产的檀香称为“老山檀”，而把其他地方产的称为“新山檀”。老山檀是檀香木中的极品，因材质优良和香味持久而闻名于世。其他地方产的檀香木从质地、色泽、香度上来看都要逊于老山檀。那么，应如何鉴别老山檀呢？

顶级老山檀的香味非常柔和、纯正，且能长久保持，它的香味应该是闻起来舒服、温暖，而不是浓烈、刺鼻。木质颜色为深褐色甚至是红褐色，放在水中可直沉水底。

老山檀香木，色泽均匀、质地细腻，若是带有包浆，应该是晶莹剔透带有犀牛角的质感。

老山檀一般是指树龄较大的老树，而檀香木的树龄越大，年轮和纵向纹理的变化越不明显，若是发现檀香木纹理、年轮明显，一般就不是老山檀。

老山檀香木的性质都很稳定，很少开裂；而新料性质不稳定，容易开裂。这也是一个鉴定依据。

老山檀香木油性大、密度高，将其浸入水中，捞出，再擦拭干净，还是能恢复之前的光泽。而新山檀若是浸水，就不易恢复光泽了。这是因为老山檀坚硬的质地和滋润的油脂能起到防水的作用。

风景人物名片盒 檀香木雕

龙马精神 樟木雕

◆ 樟木

樟木是樟科，樟属，生长期较缓慢，是传统的名贵木材。樟木又叫香樟、小叶樟、雅樟等，因樟树周身都散发出清香的樟脑气味，故在民间多称其为香樟。樟木属于常绿乔木，主要分布在我国南部各省，如福建、云南、贵州、江西、湖南、浙江等地，其中樟木木质最优良的产地位于江西九江、湖南、贵州铜仁地区。樟树多生长在山坡、溪边，树木高大茂盛，高者有 20 多米，树径可达 1 米以上。

樟木树皮呈黄褐色，有不规则的纵裂纹。木材表面为红棕色至暗棕色，横断面可见明显的年轮。质量最上乘的芯材为红褐色或咖啡色。它木质细密，质地坚韧，花纹美丽，刨面光滑，易加工，是材质优良的上等木材。另外，樟木带有浓郁的樟脑香气，味清凉，有辛辣感，能防虫防蛀、防发霉。我国著名的潮州传统木雕中最常用的木材就是樟木，随着雕刻工具的现代化，近些年已生产出许多精美、大方的樟木木雕作品。

◆ 紫檀木

紫檀木为豆科，紫檀属，又名榈木、花榈木、蔷薇木、羽叶檀、青龙木、黄柏木等。紫檀为常绿亚乔木，高 15~25 米，直径达 40 厘米，叶为复叶，呈花蝶形。紫檀是世界上最名贵的木材之一，印度南部的迈索尔邦等热带地区是其主要产地，越南也有一定的产量。我国也有为数不多的紫檀木生长在广东、广西等地。紫檀是世界公认的极其稀有和名贵的木材，它生长缓慢，成材需要生长数百年甚至上千年，且随着时间流逝，大部分紫檀中间都是空的，因而流传着“十檀九空”的说法。另外，紫檀木通常直径为 15 厘米左右。和各种硬木相比，紫檀木木质最为致密，木材的密度最大，放到水中立刻就会沉底。紫檀没有清晰的纹理，几乎看不出年轮纹，切面开始色泽为橘红色，时间长了就会变成深紫色或黑紫色。其脉管纹细如牛毛，呈绞丝状。紫檀棕眼细密，木质坚硬。另外，紫檀还具有重要的医药价值，李时珍的《本草纲目》中记载，紫檀有止血、止痛、调节气血的功效。

清 嵌大理石长椅 紫檀

梅花锦地纹平头案 紫檀

清 观音 紫檀木雕

紫檀有一个很独特的特性，可以用来对其进行鉴别。将其木屑放入白酒中，木屑会立即分解成粉红色，且与酒形成带黏性的胶状物，倾倒时会拉丝。综上所述，紫檀木的主要特征可归纳为：

芯材的切面颜色初为橘红色，随着时间流逝变成深紫色或黑紫色，常有浅色和紫黑色纹理分布。

生长轮不明显。

木屑水浸出液是紫红色的，有荧光。有的紫檀木屑一旦浸水就会有荧光反应，有的需要的时间则较长，特别是木块更需长时间浸泡。

用紫檀木在白墙或厚纸板上画，均可留下紫红色的痕迹。

紫檀木整体一般没有香味及其他气味，但锯木时会有很淡的香味散发出来。

纹理交错，大多呈绞丝状，虽然也有直丝的地方，但细看总有绞丝纹，纹理明显卷曲，故也被称为“牛毛纹”。

紫檀木有不同的分类方法。按照材质性状差异可将其分为新紫檀和老紫檀。新者为红色，将其浸泡水中会掉色；老者为紫色，浸水不掉色，二者都分布着不规则的蟹爪纹。

紫檀木的芯材表面颜色丰富，还可据此对其进行分类。

紫黑：这种紫檀木表面发黑，富有光泽，质地如犀牛角般润泽。此种木材非常稀有、名贵，是紫檀木中质地最上乘的。

深紫：质地致密，密度大，油质感强，纹理很不明显，金星金丝密集。

猩红：此种紫檀木木质偏轻，发干，油质感较差，颜色为艳丽的猩红色，少有金星金丝，其属于紫檀木中等偏下的木材。

紫黄：此种紫檀木一般为从印度、斯里兰卡、缅甸等地人工引种种植的，其外表与一般紫檀木差别不大，但观察其断面可发现紫色圈与黄色圈相连处色差明显。商人一般称这种紫檀木为“缅甸大叶紫檀”，其价格比质量好的紫檀便宜多了。

清 梳背椅（一对） 紫檀

民国 释迦牟尼坐像 紫檀木雕

弥勒佛 绿檀木雕

◆ 绿檀木

绿檀木属蒺藜科，可散发出天然的檀木香味，在檀木中密度适中，具有美丽的纹理。在阳光下观察绿檀，呈黄褐色；在光线暗淡处看，会变成绿色；随着湿度和温度升高还会变成深蓝色、紫色。在所有檀木中，只有绿檀和降香可散发清香，而绿檀的香味更浓。若把天然绿檀木暴露在空气中，大约一周时间其表面就会生成白色粉末状物质，但若是人身佩戴，就不会出现这种现象，反而会越戴越亮。

绿檀主要分布在美洲，美国、巴西、加勒比海岛和中美洲地区，在美洲木材中占有极其重要的地位。绿檀木生长在终年云雾缭绕的原始森林中，吸收了天地之灵气；其产地人烟稀少，它是当地土著居民心目中的神木。绿檀于18世纪初被发现，它被人们用来制作高档家具、工艺品并提炼香精。绿檀木含有的有机物质较为丰富，因此，在密闭的薄膜下，由于其有机物质无法挥发出来，便会在木材表面形成玲珑剔透的絮状结晶物，只要去除密封的薄膜，结晶物接触到空气就会逐渐消失。用这个方法来鉴别真假绿檀，是最简单也是最有效的方法。

绿檀木密度大，质地坚硬，耐腐蚀，可长久保存。手感细腻光滑，芳香宜人，色彩丰富、斑斓。绿檀木上常可见一圈圈清晰的、极具装饰性的天然纹路。绿檀木越是被长时间放置，颜色越绿，其木质散发出的独特檀香味也越明显。

十八罗汉佛珠手串 绿檀雕刻

文财神像 绿檀木雕

◆ 黄杨木

黄杨木属黄杨科，黄杨属，人们又叫它千年矮、冬青卫矛、正木等。黄杨木的树干为灰白色，很光滑，枝条浓密，枝呈四棱形。叶对生，呈椭圆或倒卵形，叶面为绿色，背面呈黄绿色。叶腋或枝端生长花簇，结出的果实呈卵圆形。

我国中部各省区是黄杨的主要产地，贵州、云南、陕西、甘肃、浙江、江西、安徽等地海拔 1300 米以下的山地均野生着黄杨。长江流域及其以南各地栽培较多。黄杨喜光，较耐阴，肥沃、疏松、湿润的环境适合其生长，酸性、中性或微碱性土壤均能生长黄杨。黄杨木芯材、边材没有很明显的区别，木材颜色为俗称“象牙黄”的淡黄色，看起来天然温润，年轮特别细密。黄杨木的切面一般初为鲜黄色，随着时间的推移，颜色会加深，变为浅褐色。

清 二十四孝故事插屏 黄杨木雕

麒麟摆件 黄杨木雕

◆ 黄花梨木

黄花梨，豆科，黄檀属。又名降香黄檀，在民间有花梨、黄花梨、花梨母、花狸、降香木、降香檀、降真香、花榈木、黄枝木、香红木等俗称。黄花梨木质量上乘，光滑温润，分量较轻，纹理清晰流畅，木性极为稳定，不易变形、开裂，韧性很好，可用来制作曲度大的家具。黄花梨木茂盛挺拔，树高可达 15~20 米，胸径可达 60 厘米以上。黄花梨木上生长着的木节，俗称“鬼脸儿”，平整却不开裂，显得别致美观。

金蟾水盂 黄花梨木雕

黄花梨经常被用来雕刻工艺品，纹理奇特美丽，其木节纹常能为作品增色，提高作品的表现力。黄花梨是中国海南岛的特产，海南岛的黎山是其主要产地。黄花梨芯材的新切面会散发出浓烈的辛辣气味，生长轮明显，其颜色受产地、砍伐季节、存放方法及时间等不同因素的影响，呈紫红色或深红褐色，也有的为黄色或金黄色。

清 松下高仕笔筒 黄花梨木雕

◆ 越南黄花梨木

越南黄花梨为豆科，黄檀属。越南与老挝交界的长山山脉的东西两侧是其主要产地。越南黄花梨的主要特征为以下两个方面：

1. 生态特征

越南黄花梨树花的颜色有黄、红两种。开黄花的树，木材颜色为浅黄；而开红花的树，木材颜色一般为褐红色。越南黄花梨一般生长在海拔 400~800 米的悬崖峭壁上，它们很少在海拔低的地方生长。

反弹琵琶女摆件 越南黄花梨木雕

美人梳子 越南黄花梨木

2. 材质特征

其边材为浅黄色，厚 2~5 厘米，从颜色上看明显区别于呈红褐色至深褐色的芯材，另外还有深色条纹存在于芯材上。颜色深的与海南岛的降香黄檀非常相似。会散发出浓郁的酸香气味。木上纹理与木材颜色比较像，交错生长。

海南黄花梨与越南黄花梨

以前人们认为黄花梨就是特指产于中国海南省的黄花梨，其实市场上许多黄花梨都来自越南以及老挝等地。二者因其独特的纹理和别样的韵味而深受世人青睐，下面我们来介绍一下二者的区别：

从质地来看。通常来说，大多数的海南黄花梨的质地会比越南黄花梨好，但这并不代表木质粗糙的就都是越南黄花梨，甚至有些木质坚硬、棕眼细密的越南黄花梨比海南黄花梨质量还好，但这是小部分的情况。因此单从这一点看，并不能很好地区分二者。

从香味来看。有这样一种说法经常流传在市面上：海南黄花梨具辛辣香，而越南黄花梨具酸香。但在实际应用中，这种说法却难以被运用，因为，其一，原材料香味会随着放置时间、条件的变化而变化；其二，黄花梨的香味因产地不同也会有所不同，即便都是海南或者越南黄花梨，因生长地点的不同，其香味也会有所差别。

从纹理来看。海南黄花梨的纹理看起来很雅致，虽然没有固定的章法，但毫不凌乱，纹理颜色很纯，纹理间的过渡无杂色，看起来很清晰，花纹流畅自然，妙趣横生。而越南黄花梨的纹理比起海南黄花梨就少了几分优雅，多了些粗犷的气质，墨线稍有黑晕，常可见到山水纹（也就是很多卖家提到的虎皮纹），有些类似纸上的墨迹。

从颜色来看。海南黄花梨的颜色显得比较沉稳，整体颜色一般为暗红色；而越南黄花梨的颜色就显得更加鲜活，整体颜色偏亮橙色。

狮子摆件 海南黄花梨木雕

李白醉酒摆件 海南黄花梨木雕

佛头像 越南黄花梨木雕

◆ 鸡翅木

鸡翅木为豆科，崖豆属。鸡翅木是个约定俗成的叫法，因其木质纹理与鸡翅的美丽羽毛相似而得名，且因“鸡”与“吉”是谐音，这个名字还具有美好的寓意。鸡翅木还有崖豆木、黄鸡翅、铁刀木等称呼。鸡翅木又可细分为三种：一种俗称为非洲崖豆木，非洲的刚果（布）和刚果（金）是其产地；另一种俗称为白花崖豆木，产自缅甸；还有一种俗称为铁刀木，南亚、东南亚以及我国云南、福建、广东、广西是其主要产地。鸡翅木可高达 18~20 米，直径可达 1.2 米。

清 水牛雕件 鸡翅木雕

木材的主要特征为：边材是浅黄色的，大约3厘米宽；芯材呈黄褐色至巧克力或咖啡色，上面生长着细密的深浅不同的细纹，具有清晰的生长轮。鸡翅木的纹理为黑黄相间，无棕眼，质地坚硬，密度大，耐磨、耐腐蚀，干燥快、干缩小。质地偏粗，油脂比较重，加工难度较大。鸡翅木有新、老之分，老鸡翅木是真正好的鸡翅木。榉木是主要产自江浙一带的木材，其芯材纹理很像鸡翅木，但材质和价格差别较大，要注意区分。

清 螭龙纹独板翘头案 鸡翅木

◆ 酸枝木

酸枝木为豆科，黄檀属。树高30~40米，胸径50~60厘米。酸枝木是红木中的一个类别。一般来说，酸枝木可分为黑酸枝、红酸枝和白酸枝三种。之所以称它们为酸枝，是因为初切开酸枝木，会闻到一股特有的酸香气。酸枝木酸香气味的浓淡因树种的不同而有所变化。其中黑酸枝包括产自缅甸的刀状黑黄檀、产自东南亚及我国云南的黑黄檀、产自印度和印度尼西亚的爪哇的阔叶黄檀以及产自非洲东部的东非黑黄檀等。红酸枝木包括亚洲热带地区出产的巴里黄檀，巴西出产的赛州黄檀和越南、泰国、柬埔寨出产的交趾黄檀等。在三种酸枝木中，黑酸枝的质量非常好，颜色为紫红至紫褐或紫黑，但真正的黑酸枝家具非常稀少，而白酸枝质量较差，价值也较低，市面上见到的大多都是红酸枝木。因此我们来详细介绍一下红酸枝木。红酸枝木在我国北方被称为“老红木”，广东、广西叫它“酸枝”。红酸枝木的主要产地为印度以及东南亚一些国家。其颜色介于黄花梨与紫檀之间，以赤红色和深红色为多，充分和空气接触后可呈暗红色。它的木纹是深褐色或黑色直丝状条纹，美丽而优雅。红酸枝木产量丰富，木质上乘，适宜雕刻，是硬木家具中最主要的用材之一，也适合制作乐器、装饰工艺品等，深受人们的青睐。

镇宅招财古兽　酸枝木雕

大象摆件 柚木雕

◆ 柚木

柚木为马鞭草科，柚木属。柚木又名胭脂树、血树、麻栗、环孔树。东南亚的缅甸、印度尼西亚、老挝、越南、泰国及南亚的印度等国家是其主要产地，我国的柚木生长在靠近云南边境的地方。其中质量最上乘的柚木品种为泰国、缅甸和印度尼西亚所产。柚木属于热带高大阔叶乔木，长有褐色或灰色的树皮，是世界上有名的珍贵良材，被缅甸、印度尼西亚奉为“国宝”。柚木生长需要较高的温度，它的生长速度很快，萌芽力强。用手搓碎柚木叶片，手上就会残留血红色染物，并且不容易清洗掉，因此柚木就得到了胭脂树或血树的称呼。适宜柚木生长的最高温度为 43℃。柚木光泽明亮，富有油性，颜色自然，纹理优美。

柚木密度中等，干缩系数极小，不易变形，抗弯曲性好，极耐磨。在外部环境变化较大时仍然不翘不裂；耐水、耐火性能都很强；耐腐蚀，能抵抗多种虫蚁的蛀食；干燥性能良好，有利于胶黏、涂油漆、上蜡等。柚木的诸多优势，使其享有“万木之王”的美誉，成为制造高档家具、装饰居室的上等木材，此外在建筑、造桥等方面也经常用到它。但是柚木中含硅，易钝刀，因此加工时要戴口罩，以防止因吸入含硅的粉末而导致肺部疾病。

◆ 柏木

柏木为柏科，柏木属。又名缨珞柏、垂丝柏，民间也称其为香柏。它是常绿乔木，主要分布于海拔 1300 米以下的石灰岩山地，茂盛挺拔，高者可达 35 米，胸径可达 2 米。我国栽培柏木历史悠久，云南省西北部是其主要生长地。柏木边材厚 3~5 厘米，芯材的颜色为暗红褐色至紫红褐色，富有光泽，有柏木香气，生长轮清晰可见，黄色条纹明显，材质优良，耐腐蚀，常用于建筑方面和制作家具、船舶等。另外，柏木的枝叶可提炼柏木油，粉碎提炼柏木油后的树根碎木可制成香料。

民国 花卉构件 柏木木雕

关公像 香榧木雕

释迦牟尼佛像 香榧木雕

◆ 香榧木

香榧木为红豆杉科，榧树属。人们也叫它榧木、玉榧等。香榧木是一种珍稀树种，缅甸北部、尼泊尔、我国的西藏及喜马拉雅山脉高寒山区是它的生长地。它对环境的要求非常苛刻，一般生长于海拔 3000~4000 米的高山之巅。在我国云南西南部、浙江诸暨及富阳等地也分布着此树种。在环境恶劣的高寒山区，香榧生长极其缓慢，成材期特别漫长，据说成大材需千年以上的时光，是非常珍贵的名木。香榧木木质非常细滑，手感独特。另外，它还具有一种其他任何树木所不能相比的独特的清香味，这种香味具有醒脑安神的功效。而且相关医学研究证明，树上的香榧对驱除蛲虫有很好的效果。香榧木色泽金黄悦目，摆放一段时间后，颜色会变成粉红色或浅红色；若此时再用细砂布打磨，颜色就又会变回灿烂的金黄色，非常美丽奇特。香榧木是用于建筑、造船、家具制作和工艺品雕刻的上等木材。

◆ 古沉木

弥勒佛 阴沉木雕摆件

古书中曾记载了这样一个故事，一天汉桓帝外出游玩，在河上遇到一头青牛。它从水中出来，一直到了桓帝身边。太尉何公怕牛惊了圣驾，非常勇猛地用武器朝青牛砍去，才发现“青牛”其实是块木头。这就是木雕的宝贵原料——古沉木的传说。

古沉木是木雕艺人非常喜欢的一种雕刻材料，又称“阴沉木”“炭化木”“化石木”“乌木”等，是千万年前深埋在江河湖泊底层的枯木残根。它们在水底泥沙中经过漫长岁月的浸泡和磨压，原来的木材性质被彻底改变：木质内的脂肪、糖类等都在水中被彻底溶解了，这样蛀虫、细菌就没办法生存其中。它们有的被水底的泥沙腐蚀得丝丝缕缕，木材纹理的美感得以充分显现；有的则变得似铁般刚劲，显示出无与伦比的力度，给人古朴凝重、坚硬挺拔之感。被发现的古沉木颜色也很丰富，包括黑色、棕色、灰色、紫色等多种色调，还有外红内黑或是黑皮黄心的。年岁最久的古沉木，则出现“炭化”的情况，显现出煤样的黑包，非常奇妙。品相佳的古沉木，能比得上紫檀木，是名副其实的“树中之精，木中之魂”。

五老图 阴沉木雕摆件

卧龙先生 古沉木雕

白居易像 古沉木雕

品位独特、雕工精湛的根雕艺术家们非常珍爱古沉木，他们会为寻找到这大自然赐予的特殊雕刻用材而欣喜若狂。古沉木有可能会出现在江畔河岸、挖泥船边及河道疏通的地方，根雕艺术家当然不会放过这些场所，有时也会到长江三峡边去探求。古沉木由于年代久远，又深埋于水底泥沙中，因此要寻觅到质量上乘的并不容易，所以才使古沉木的雕刻变得更加有魅力。古沉木不知经历了多少风吹雨打、颠沛流离，才形成了独特的质地、纹理、色泽、结构，不愧为大自然赐予人间的瑰宝。也正因如此，收集古沉木的过程就像是踏上了一场寻觅美的旅程，而雕刻施艺便是一场创造美的旅程。根雕艺术家们找到合适的古沉木后，并不会立刻进行雕刻。他们会先反复观察，巧妙构思，此时在艺术家看来，展示古沉木的自然美感才是第一位的，接下来才是展示自己的雕刻工艺。真正的雕刻大师都明白，过分的人工雕琢会损伤材料的天趣。真正好的古沉木雕刻作品往往看重材质，意在表达神韵，作品会展现出精妙的天然材质与精湛的刀工有机结合的特点，这样才能达到天趣与人意的和谐统一。古沉木的色泽一般偏黑，其塑造的作品往往也深沉厚重，气韵凝重，内涵深厚。

木雕的加工工艺

◆ 选材和干燥

财神赵公明像 木雕

木头的质地各不相同，有的松软，有的粗硬，因此在雕刻前，需要选择合适的材料。通常松软的木材易雕，粗硬沉重的难雕。我们经常提到的硬木就是木质坚韧、纹理细密、富有色泽的木材，如红木、黄杨木、花梨木、扁桃木等，质地优良，不易断裂，防虫防腐，是雕刻的上等材料，一般雕刻结构复杂的、造型细密的作品常选择硬木，只是雕起来比较费工夫、容易损伤刀具。木质比较疏松的有椴木、银杏木、樟木、松木等，其比较适合初学者。这类木材适合雕刻造型结构不复杂的作品，雕凿起来不费劲，但因其木质软、色泽弱，质感较差，有的需要着色处理。有些木材纹理千变万化，如水曲柳、松木、冷杉木等，其流畅、细密的木纹肌理就可以被很好地利用。在创作一件作品之前，一定要对木材有所认识，这样才能选出合适的雕刻材料。

选好木材以后，要对其进行干燥处理，干燥了的木材才适合进行雕刻。令木材干燥有不同的方法，通常我们可以让木材自然干燥。将木材分类放置于通风处，若数量较多可搁置成垛，垛底离地 60 厘米左右，中间要留有空隙，这样木材就会逐渐变干。自然干燥用的时间较长，需要数月甚至数年时间才能达到要求。为缩短时间可进行人工干燥，可以用火烤干木料内部的水分；也可以用水煮去木料中的树脂成分，然后放在空气中干燥，水煮确实能缩短干燥时间，但浸水后的木材容易变色；还可以将木材密封在蒸汽干燥室内，借蒸汽促进水分蒸发，使木材干燥，但经过高温蒸发后的木质韧性较差，容易受到损坏而不利于雕刻。

佛头 香榧木精雕

观音摆件 木雕

地藏王像 香榧木雕

关公像 木雕

◆ 打坯

准备工作完成后，就可以开始雕刻了，打坯是所有雕刻程序的第一步。木雕打坯又可以细分为两个步骤，首先是粗坯，接下来是细坯。当选好与设计稿大小基本相同的坯料后，将好料作为正面朝上，在料上勾画出大体轮廓、凿削部分的大体线位。然后是从上至下、从前往后、由表及里地一层层雕凿。凿粗坯是雕刻的基础，是对全部构思形体的简练概括，雕凿时要做到有层次、比例协调、重心稳定。粗坯完成，作品要初具轮廓。另外，此步骤需要留有余地，“留得肥大能改小”。接下来就是敲细坯，这一步需要制作者从整体着眼，调整比例和各种布局，然后将作品造型的具体形态，如面部五官、四肢结构、服饰、佩饰等进行较为概括的刻画。到了这一步骤，作品的体积和线条应趋于明朗。

◆ 修光

在所雕的作品造型动态、结构比例、重心稳定等都达到要求后，就要进行修光工序。修光和打坯相反，要从下至上，使作品更具质感，结构清晰，线条明了。运用精雕细刻及薄刀法将前面步骤留下的刀痕凿迹去除，使作品表面更精美。要求刀迹清楚细密，把作品意图准确地表现出来。修光用刀要注意木纹的顺逆，进刀应顺纹，握雕刻件的左手应位于拿刀右手的后面，以免滑刀毁坏作品，或者伤及自己的左手。如果作品是人物造型，要最后进行脸部修光，以免修饰其他部位时损坏五官。在进行人物雕刻时，为使脸部显得更俊俏，眼睛更有神，往往需要把眼睛刻得稍长一点，这样才能达到艺术的视觉效果。

夔龙香几 鸡翅木雕

木盒 杜鹃木雕

龙舟竹节几 酸枝镶硬木雕

◆ 打磨

总体来说，有些木雕若能把主题反映出来并取得理想的艺术效果可以不用擦砂搓磨。但是许多木雕还是需要这一步骤的，如黄杨木纹理细密，质地细腻，只有打磨后才更能彰显出木质的美感，这能大大增加其观赏价值。木雕的打磨也是有讲究的，根据作品的不同需要，选用粗细不同的木工砂纸。第一遍先用粗砂纸打磨，要顺着木的纤维方向打磨，每个角落都要照顾到；第二遍要用细砂纸轻擦，要小心，不能破坏作品的细节部位，直至达到理想效果。

菊花盆景 木雕

◆ 上蜡

木雕作品经过修光、打磨，最后一道工序是上蜡。以前的上蜡方法是用棕刷、布条蘸着川蜡、蜂蜡在作品上反复地摩擦。现代的方法一般是用小毛刷蘸取硝基木器清漆加香蕉水的调和物，刷于作品表面，等自然干后再刷一遍。

◆ 配底座

给作品配上一个适宜的底座，会达到更好的艺术效果。底座是作品的陪衬，必须符合作品的题材内容、大小高低、简洁繁杂。底座的设计主要是看作品造型形态、主题内容。繁复的作品，底座要相对简单，如果作品庞大复杂，底座也很花哨，就会喧宾夺主。组合式的人物题材最好选用底座，既稳当，又能很好地组合，如《捉迷藏》《三星》《八仙》之类的题材。另外，底座的颜色也有讲究，通常来说，要比作品颜色深沉、稳重。

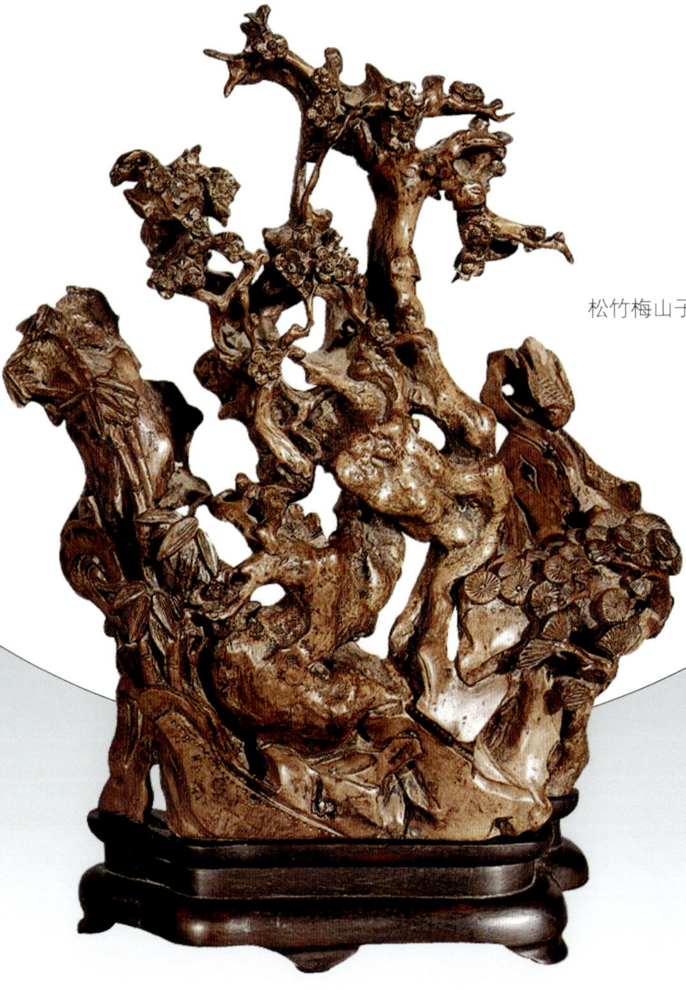

松竹梅山子 黄杨木雕

木雕的丰富题材

木雕工艺品古朴雅致、古色古香、精美异常，各式各样精巧的木雕作品令我们目不暇接。而几千年的文化积累和沉淀，更是赋予了木雕非常丰富的题材。这些题材融合了劳动人民的智慧，表达了人们对美好生活的向往，具有丰富的文化内涵。

◆ 人物类题材

在我国，木雕的传统题材中最常见的就是人物形象。它涵盖了神话传说、历史典故、戏曲小说、现实生活等各方面令我们耳熟能详的人物。其中神话传说人物有福禄寿三星、济公、麻姑、和合二仙、哪吒、孙悟空、白娘子等。历史人物有姜子牙、东方朔、关羽、诸葛亮、曹操、花木兰、孔子、苏轼、岳飞、陶渊明、鲁迅等。戏曲人物有《长生殿》中的唐明皇和杨贵妃，《西厢记》中的张生和崔莺莺等。还有很多普普通通的现实中的人物，如农夫、渔民、童子等。另外，我国还是一个宗教众多的国家，其中道教是我国土生土长的宗教；佛教是富有影响力的宗教，于两汉时期传入我国。受宗教影响，我国的木雕也涉及这方面的题材，其中佛教人物最多，有弥勒佛、菩萨、罗汉、达摩等形象。

东方朔像 木雕

下面我们介绍一些最为人们喜爱，也备受雕刻艺人青睐的人物形象。

福禄寿三星

福禄寿三星，即在民间备受人们崇拜的福星、禄星、寿星的合称。他们起源于远古的星辰自然崇拜，古人按照自己的愿望，赋予他们特殊的能力和非凡的人格魅力。福星一般处在三星中间，手执如意，寓意降福人间。禄星是主管功名利禄的神仙，他身穿大红官服，头戴高冠，是一个官员形象，骑在一头梅花鹿上，寓意是带来高官厚禄；还有的禄神是怀抱一个婴儿的，寓意是送子男神、望子成龙等。寿星是长寿之神，是一个白胡子老翁，额头隆起，执手杖，捧寿桃，寓意长命百岁。福禄寿三星符合人们“福如东海，寿比南山”的意愿，因此他们在民间影响力很大。木雕艺人酷爱使用福禄寿三星的题材，这类作品深受广大民众喜爱。

福禄寿三星 黄杨木雕

八仙故事笔筒 紫檀木雕

八仙

关于八仙的典故想必人们都有些耳闻，著名的歇后语“八仙过海——各显神通”，就出自八仙的典故。下面我们详细介绍一下八仙的由来。

民间传说中的八仙，分别是铁拐李、汉钟离、张果老、蓝采和、何仙姑、吕洞宾、韩湘子、曹国舅八人。其实早在唐、宋、元时期就有关于八仙的记载，只是那时候他们的名字不固定。直到明朝才正式确定了他们的姓名。

八仙之所以深得世人喜爱，是因为他们均来自人间，每个人都在凡间发生了有趣的故事，之后才得道成仙，与大多数神仙的一本正经截然不同，因此令人感觉很亲切。这八个人的经历大相径庭，有皇亲国戚、将军、道士、乞丐等，他们并不完美，每个人都有明显的缺点，如铁拐李酗酒成性、汉钟离袒胸露乳、吕洞宾个性轻佻等。传说八仙分别代表着男、女、老、少、富、贵、贫、贱，与我们百姓最为接近，因此，道教宫观、神明庙会常会供奉八仙。

在这八位神仙中，最常被作为雕刻素材的是铁拐李。他为八仙之首，原是隋朝人。最广为流传的说法是说他遇上太上老君而得道。铁拐李有一次神游，徒弟们误以为其已逝，就火化了他的身体。他的游魂没法回归，最后附在路边一个饿死的跛脚乞丐的尸身上。于是他的形象是蓬头垢面、袒腹跛足、拄着铁拐的模样。在八仙的传说中，铁拐李的故事流传的年代最久、最有名。

铁拐李像 木雕

八仙人物山子 黄杨木雕

张果老是个头戴万字巾、身穿员外衣的老头形象。他在众人中年事最高，总倒骑着毛驴，到了目的地，将毛驴一折，宛如纸张，装进箱中，非常有趣。

汉钟离的外形是方头大耳，胡须较多，袒胸露乳，手持芭蕉扇，是个威猛的大汉形象。

吕洞宾头戴瓦棱帽（巾），身披道袍，腰系丝带，配一把青锋剑，手执拂尘，脚穿云头靴，面目方正，留二三绺长须，看似严肃正直的面目中又略带几分风流相。

何仙姑是八仙中唯一的女性，是一位道姑，端庄中又略带妩媚。她肩持的荷花、荷叶就是其法宝。

蓝采和是一位翩翩少年，在八仙中最年轻。头梳丫髻，总着蓝色衣衫，手持花篮，优雅飘逸。

韩湘子是一位眉清目秀的年轻后生，头扎布髻，身着长衫，手持竹笛。

曹国舅是一位中年男子，头戴学士帽，身穿圆领官服，蓄着胡须，手擎笏板。他在八仙中地位最尊贵，被封为国舅。

清 汉钟离像 黄杨木雕

观音菩萨像 木雕

观音菩萨

观音菩萨的名声可谓是无人不知、无人不晓，其大慈大悲、普度众生，受到了世人极大的欢迎，在中国民间的影响极其深远。我国民众对她的信奉远超过了其他佛教神祇。以至于直到今天，观音菩萨依然展示着她的神奇魅力。

观音菩萨，又叫观世音菩萨、观自在菩萨、光世音菩萨等，其字面意思是“观察（世间民众的）声音”的菩萨。观音菩萨一般手持净瓶杨柳，看起来端庄和蔼，拥有无边的智慧和力量，以慈悲为怀，关心人间疾苦。在佛教中，观音菩萨同大势至菩萨分别为西方极乐世界教主阿弥陀佛的左右胁侍，他们被并称为“西方三圣”。

观音菩萨位居佛教各大菩萨之首，与文殊菩萨、普贤菩萨、地藏菩萨一起，被称为四大菩萨。观音菩萨，在我国影响力非常大，深受民众信奉，拥有最广泛的信徒。观音菩萨深刻诠释了大乘佛教慈悲救世的精神。观音菩萨是过去的“正法明如来”，是古佛再来，为普度众生而现菩萨身。

文殊菩萨 香樟木雕

观音菩萨有三十二应化身，为适应不同需要，其就可以化成这三十二种身份，现身说教，救度世人，其中有佛、国王、罗汉、男、女、童子、长者、官员、居士等种种身相。观音菩萨其实没有男女之分，是无极之体，无皮囊色身和男女之相。在古印度佛教中，既有现男相的又有现女相的观音菩萨像。到中国南宋以后，女性的观音菩萨相已在中国人心中根深蒂固了。

观音菩萨在中国家喻户晓，在国际上有“人类的仁慈保护者”之称。观音菩萨大慈大悲，大慈予人乐，大悲除人苦，在茫茫人世间救苦救难，成为慈悲的化身。人的一生不可能一帆风顺，在天灾人祸不可能消除的情况下，观音菩萨就是人们心中永远的慰藉和希冀。

观音摆件 黄杨木雕

对狮 红木雕

◆ 动物类题材

动物形象也是在传统木雕中非常常见的，包括各种祥禽、瑞兽、鱼虫以及家畜等。具体来讲，祥禽包括仙鹤、喜鹊、凤凰、锦鸡等，瑞兽有龙、麒麟、狮子、老虎、鹿等，鱼虫包括鲤鱼、蝙蝠、蟾蜍、蝴蝶、蝉等，家畜包括牛、狗、鸡、鸭等。将这些生龙活虎的动物形象应用于木雕作品中，显得生机勃勃、活灵活现，且它们大多都有美好的寓意，表达了人们的美好愿望。

凤凰

凤凰被誉为百鸟之王，是中国传说中的一种祥禽。凤凰是雌雄统称，雄鸟叫凤，雌鸟叫凰。凤凰的突出特征是具有美丽的长尾翼，体形比一般鸟类要大，羽色五彩缤纷。凤凰生性高洁，非晨露不饮，非嫩竹不食，非千年梧桐不息。凤凰是人们心中的吉祥之鸟，象征富贵、太平，凤凰飞来必是吉兆。汉朝的著名古琴曲《凤求凰》，就引用凤凰，演绎了美好的爱情。

凤凰经常和龙一起组成装饰题材，在传统木雕中龙凤纹样比比皆是。它们风格迥异，龙是张牙舞爪，带有豪迈之气；凤凰带有一种温柔的体态美。在上流社会，凤凰作为龙的从属，也是封建皇权的一种象征；而在民间龙凤就被赋予了吉祥美好的寓意。龙凤同时还象征美好的爱情，“龙凤呈祥”就象征着爱情或吉祥，被广泛用在了木雕作品中。

凤凰挂件 木雕

龙凤呈祥挂件 木雕

麒麟

在民间麒麟被称为“走兽之王”，还有的认为麒麟是“龙生九子”的“九子”之一，它是中国民间特有的一种神兽。麒麟是雌雄统称，雄性称麒，雌性称麟。麒麟结合了很多常见动物的不同特征，如龙头、鹿角、马身、蛇鳞等，古人把人们珍爱的动物的优点都集中在了它身上。麒麟是天上的神物，是神仙的坐骑，地位仅次于龙。在一些民间艺术作品中麒麟的身影非常常见，人们认为麒麟可以招财纳福，带来太平长寿。麒麟文化底蕴深厚，古人认为麒麟为仁兽，能为人带来子嗣，因此在木雕作品中，常可见到“麒麟送子”形象。

麒麟送子花板 木雕

◆ 植物类题材

植物清新优雅、生命旺盛，因此植物也是木雕作品中一个广泛的题材。植物类题材非常丰富，一般可细分为树木、花卉、瓜果等。树木包括松、柏、梧桐、白杨、绿柳等，造型特点各异，在木雕创作中多作为环境的点缀。花卉包括梅花、兰花、菊花、牡丹、莲花、海棠、竹子等。瓜果则包括石榴、葡萄、桃子、桂圆、葫芦等。此外还有各种灵芝、艾草等仙草。其中，国色天香的花卉是木雕艺人最爱使用的题材，因它们常表现出美好的寓意。有浮雕、线雕、圆雕、镂空雕等技法，注重不同花卉自身的特征刻画，常与花瓶等形象搭配出现。

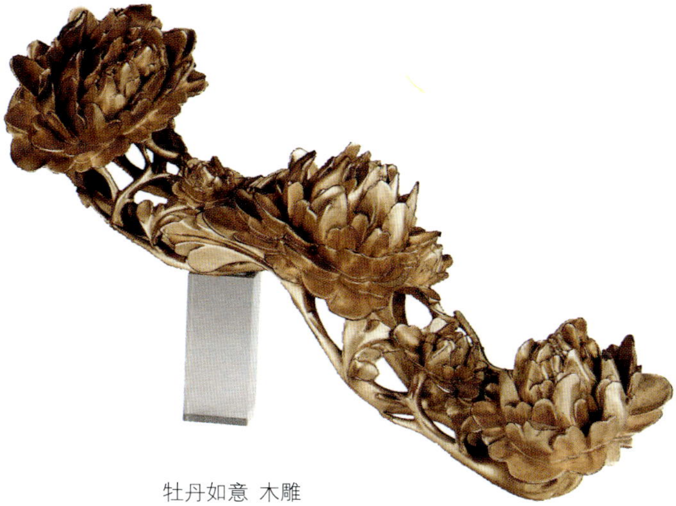

牡丹如意 木雕

梅兰竹菊挂屏 木雕

花之君子

梅花花插 黄杨木雕

梅、兰、竹、菊被誉为花中四君子，从古至今，受到我国文人雅士的热烈追捧。人们除了赞扬它们的傲人身姿外，更重要的是赋予了它们高贵的人格品性，并从中得到启发，借以自省。因此，梅、兰、竹、菊四种花卉具有深厚的文化内涵。

梅、兰、竹、菊也是木雕作品中常见的题材，一般采用浮雕或者镂空雕等技法，并且常常与鸟类、花瓶等形象搭配起来，形成美好的寓意。

梅花是四君子之首，从古至今，咏叹梅花的诗词歌赋数不胜数。寒冬腊月，万物凋零，梅花却在寒风中傲然绽放，在冰雪中一枝独秀，彰显了它淡泊名利、刚正坚贞、甘于寂寞的品格。另外，梅花一般花朵较少，枝干明显，这体现了梅花低调、高洁的品格。在文人雅士的眼中，梅花之所以在寒冷的季节开放，是因为它不屑在阳春中与百花争奇斗艳，它坚韧的枝干又和文人的风骨不谋而合，因此极受文人推崇。

木雕作品一般都重点表现梅花的枝干，给人一种奋发向上、坚贞不屈的感觉。

俗话说“空谷幽兰”，兰花最大的特点就是清幽。只有在深山野谷之中才能见到兰花的身影，其叶子修长、花淡雅，完全不同于普通花卉的绚烂艳丽，给人一种温婉素雅的感觉。兰花淡泊名利、不媚不俗、孤芳自赏、洁身自好的品质正好和中国古代文人的追求不谋而合。因此，古代诗人爱咏兰、颂兰，以赞美其高洁志向。

兰花木雕的重点在于雕琢其枝叶，兰花的枝叶修长，花朵简洁优雅，不媚俗的气质能从中悄然体现。

文人们把具有高贵品格的竹子看作是极其富有诗情画意的植物。竹苍翠挺拔，枝干笔直，宁折不弯，体现了其正直坚贞的品格；竹虽有“节”，却从不停止生长，体现其奋发向上的品格，且与汉语中“节气”相呼应；竹子外直中空、虚怀若谷，体现了其低调、谦虚的品格。竹子的诸多品格恰好是中国文人向往的精神，文人墨客留下了诸多赞美竹子的篇章，如大文豪苏东坡就曾写下“宁可食无肉，不可居无竹”的文字，充分表明了文人对竹子的喜爱程度。除了文人墨客的影响之外，在中国民间竹还有“报平安”的寓意。竹在燃烧时会发出噼啪的爆裂声，据说这个声音可以吓跑一种凶猛残暴的厉鬼，因此人们就逐渐形成了燃烧竹管的风俗，称之为“爆竹”。

兰花笔筒 木雕

竹报平安 木雕

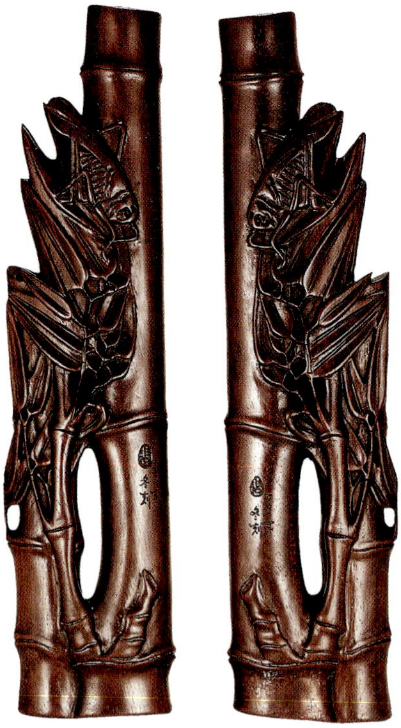

竹子镇纸 木雕

木雕作品中的竹子形象一般是枝干笔直、清瘦，竹叶修长、简洁，从中能够显现中国文人的特点，具有深厚的文化内涵。

菊花常常与“秋”相连被称为秋菊，菊就是秋季的代表性植物。它在百花凋零的秋季凌霜绽放，凸显了一身的傲骨。秋风飒飒、万物凋零，仿佛是在充满了艰难险阻的世间，菊花就好像是怀着济世天下的崇高情怀的文人，面临恶劣的环境，菊花无所畏惧、傲然挺立，在秋风中英姿飒爽，表现出它奋发向上的精神，令文人们非常崇敬。另外，菊花虽品种繁多、颜色丰富，却不妖艳娇媚，它素雅高贵，具有清秀的神韵，这就更体现了菊花的可贵。

雕刻菊花时表现其多姿的花朵是重点。

菊花工艺品 木雕

木雕的主要流派

◆ 泉州木雕艺术

泉州是我国历史文化名城，文化资源非常丰富。手工木雕这种传统的民间技艺在泉州地区经历了漫长的发展历史。泉州木雕数量繁多、雕工精湛，令人赏心悦目。

渔翁童子 木雕摆件

泉州木雕历史悠久，最早可追溯到唐朝。武则天登基后，曾把年号改为开元，并大兴佛寺，在当时，泉州物产丰富、经济发达，在开元寺周边，又修建了100多座大小寺庙，号称“大开元万寿禅寺”，广建佛寺为木雕艺术的发展创造了非常好的条件。从这个时候起，泉州开元寺大规模的修建工程开始有了木雕艺人的介入。就连当时寺庙里的两座巨塔，也完全是用木结构搭配木雕工艺制成的。我们不难想象：两座几十米高的木塔，是多么的辉煌壮丽，不知吸引了多少中外游客在这里驻足观望。只可惜这两座巨型艺术品后来被战火焚毁。直到今天，泉州开元寺的藏经阁里还保存着两尊当年从废墟里捡回来的木雕罗汉，雕刻精美异常，令人叹为观止，体现了古代的泉州艺人高超的雕刻技能。

到了宋元时期，泉州木雕的发展达到鼎盛。后来泉州港成为东方第一大港，泉州的木雕工艺品，借着海上丝绸之路的便利条件，漂洋过海，在世界舞台上一展风采。明清两代，泉州木雕艺术辉煌发展。

持经观音 海南黄花梨木雕

建筑构件 酸枝木雕

乌木凳

明朝崇祯年间，著名将领郑成功的父亲郑芝龙出资重修开元寺。重修的大雄宝殿，用了 100 根柱子支撑，被人们称为“百柱殿”，柱子上方雕刻了 24 尊带翅膀的木雕飞天形象，手持文房四宝和南音乐器，风姿绰约，翩翩起舞，在百柱殿内时刻供奉在释迦牟尼身旁。当大殿内点燃香火后，这里烟雾缭绕，仪态万千的飞天飘飘欲仙，仿佛人间仙境。

泉州木雕在民间艺术中占有重要地位。雕刻手法和题材丰富多样，有平雕、线雕、根雕、花格雕、神像雕等。泉州的木雕工艺出神入化、精巧细腻、与众不同。泉州市的惠安县、泉州台商投资区是木雕产业的发展地和技艺的传承地，木雕产业得到了很大发展。泉州是台湾同胞的主要祖籍地，改革开放特别是对台开放以来，许多台湾同胞到大陆寻根祭祖，上香参拜的宗教活动多了起来。泉州木雕在这个契机下，大力发展，生产、销售数量不断攀升，涌现出了一大批技艺高超的木雕艺人，木雕企业发展壮大，木雕工艺品在全国各类比赛、展览中崭露头角、大放异彩。泉州木雕的蓬勃发展大大促进了当地艺术文化的进步，同时对海峡两岸的文化交流、和谐共处起到了很重要的作用。

◆ 浙江黄杨木雕艺术

浙江省温州、乐清及周边地区善于用黄杨木作为雕刻材料，进行木雕创作。黄杨木为多年生常绿乔木，生长周期很长，生长了四五十年的黄杨木树干只有几厘米的直径，因此被俗称为“千年矮”，是公认的珍贵树种。黄杨木质地坚韧，纹理细腻，淡黄的色泽如象牙，随着时间的流逝，颜色会逐渐加深，最后变成棕红色，看起来古色古香。黄杨木难成大材，因此很少在建筑中用到它，民间艺术家们利用黄杨木的优势，创造了独特的民间雕刻门类。这种雕刻以圆雕技法为主，这样创作出的小型黄杨木雕观赏品更凸显了黄杨木细密的纹理和雅致的色泽。

人物笔筒 黄杨木雕

小儿戏瓜 乐清黄杨木雕

黄杨木雕始创于宋元时期，北京故宫博物院至今还收藏着元至正二年（1342年）创作的黄杨木雕观赏品——《铁拐李》，它雕刻精美，形象生动，显示了当时木雕师高超的技法。到了明清时期，黄杨木雕真正流行起来，开始成为人们案头的工艺品，装点居室，供人们欣赏。经过很长时期的探索、总结，黄杨木雕逐渐发展成为一个成熟的木雕艺术流派。

提起黄杨木雕少不得要提起木雕大师朱子常，他的黄杨木雕是多少人梦寐以求的。朱子常是晚清时期的杰出木雕大师，他改进了木雕技艺，首创了富有艺术价值的黄杨木雕人物圆雕，并在当时获得了很好的反响。佛像、历史人物、仕女等是朱子常喜欢的创作题材，他善于把握人物的神情，雕刻的人物线条流畅，造型生动，具有极大的观赏和收藏价值。其中的《捉迷藏》《布袋和尚》《济癫和尚》等作品在当时的一些国际展览会上获得了多项大奖，使得中国的木雕作品受到了世界的广泛关注。

在朱子常之后，乐清的黄杨木雕产生了不同的风格。1926年，一代木雕大师王凤祚学习了朱子常的黄杨木雕技法，对黄杨木雕的继承和发展起了承前启后的关键作用。他耗费了毕生心血，成就了“王家木雕艺术学派”。

济公像 朱子常木雕作品

王凤祚创作了大量令人惊叹的黄杨木雕作品，如《苏武牧羊》《牛郎织女》《李逵杀虎》《杜十娘怒沉百宝箱》《鲁迅》《柳枝观音》等，引起了很大轰动。王凤祚的作品既继承了中国传统木雕的技法，又结合了西方雕塑的处理方法，给传统的民间工艺注入了新的活力，极大地推动了黄杨木雕前进的步伐。王先生善于刻画作品人物的内心世界，尤其是雕刻得圆润高雅的仕女形象，充分展现了她们的温柔矜持，极富感染力。

王先生不仅自身成就非凡，还培养了一大批木雕人才，形成了一个以他为代表的木雕艺术学派。1996 年 5 月 1 日，由浙江省文化厅举办的“王凤祚木雕艺术学派作品展”在中国美术学院举行，这次展览会展出了王家三代 10 人共计 120 件黄杨木雕作品，引起了人们的极大关注。

捉迷藏 朱子常木雕作品

从清朝末年开始到今天的 100 多年时间里，一批批优秀的黄杨木雕艺术家得以涌现，如叶润周、王笃纯、高公博、郑胜宁、王笃芳、虞金顺、虞定良等，他们中是师徒关系的很多，他们不但继承了前辈的传统工艺，还创造了拼镶、嵌雕等新工艺，逐渐克服黄杨木块度小、不易雕刻大件的弱点，创作出许多令人啧啧称奇的优秀作品。黄杨木雕的主要题材有观音、弥勒、罗汉、仕女、童子、麒麟、凤凰等人物或动物造型，它们展现了近现代中国民间木雕艺术的高超水平。

牧童骑牛 黄杨木雕摆件

清 麒麟花板 木雕

凤凰挂件 木雕

◆ 徽州木雕艺术

徽州的木雕艺术有很丰富的题材，包括人物、山水、花鸟虫鱼、文字楹联以及各种吉祥图案等，可以说包罗万象。综合运用线刻、浮雕、圆雕、透雕等雕刻手法，技艺成熟。使用的雕刻材料包括楠木、紫檀木、樟木、柏木、银杏木、沉香木、龙眼木等。徽州木雕作品不是很看重材料，其重点在于表现作品的题材内容、工艺技法和构图线条的流畅，具有强烈的艺术感染力，具有极高的观赏价值。

徽州木雕最常用于建筑和家具装饰方面，整体富丽繁华，图案婉转优美，既考虑美观又注重实用。木雕建筑和家具惯用大面积雕刻手法。雕刻的内容，除了反映真实的田园生活之外，涉及神话传说、历史典故等题材的内容更多。这些雕刻内容反映出人们对美好生活的向往与追求，体现主人的品位和身份地位，具有极高的观赏和收藏价值。

◆ 福州木雕艺术

福州木雕历史悠久，最早的佛像木雕可追溯到唐宋时期。经过进一步的发展，福州木雕从最初的雕刻佛像逐步发展到以建筑装饰、家具装饰和寺庙神像为主，较为成熟的木雕流派于明末清初形成。福州木雕的雕刻材料常以龙眼木为主，因此人们也叫它“龙眼木雕”。闽南一带盛产龙眼木，它质地稍脆，纹理美观，木材为赭红色，古老的龙眼树干和根部长得很奇怪，非常适合木雕创作。木雕艺人充分抓住木材的特点发挥想象、因材施艺，雕刻成各类题材的作品。福州木雕形象逼真、线条流畅、古朴雅致，综合运用写实与夸张，艺术感染力很强。龙眼木雕惯用圆雕手法，辅以浮雕、镂雕。不同的雕琢技法根据材料差异和题材的不同而定，形成不同的风格，有的粗犷豪放，有的婉约细腻。具体的创作过程包括打坯、修细、磨光、上色、上漆、打蜡等。

罗汉像 福州木雕

关公像 福州木雕

福州木雕可细分为三个不同流派，分别是象园流派、大坂流派、雁塔流派，它们代表了三种不同的艺术风格。象园流派的特点是，作品中的人物形态逼真，注重刻画其面部的神情，衣服纹理流畅飘逸，仿佛在随风拂动。另外，动物题材的作品也很丰富。此派别的人物面具更是其他木雕派别没有的。象园流派的后起之秀们大胆吸收现代雕塑艺术的精华，学习其注重人体结构比例的处理手法，使得木雕作品刻画得极其传神。象园流派的集大成者是柯世仁，因此象园流派又被称为柯派。大坂流派又被称为陈派，因为陈天赐是大坂流派木雕的奠基人。大坂流派主要雕刻人物形象，善于表现人物的内心世界。此派别刻画的仕女形象圆润高雅、温柔含蓄；各类仙佛表情丰富，衣袂飘飘；武将气势恢宏，纹饰线条细致繁复。雁塔流派也被称为漆器派，此派别的雕刻善于与漆器结合，注重雕刻衣饰，透雕、薄雕及镶嵌是他们常用的手法，其作品布局合理，具有透视感，富有立体感，技法娴熟，雕镂玲珑剔透。雕刻出的人物刀路浅薄，线条流畅，面部圆润，生动传神。

清 如意 黄花梨木雕

文殊菩萨像 木雕

雄风万里 沉香木雕摆件

当代也涌现了很多福州木雕的代表人物，他们在福州木雕界乃至全国木雕界都占有重要地位，他们的作品代表了当代木雕的高超水平。阮宝光，福建福州人，曾在中央美术学院华东分院深造学习。他的工艺精湛，牙、木人物的雕刻是其最拿手的。他的木雕代表作《帮助小同学》《海防前哨》等，曾引起了人们的广泛关注。阮宝光的作品精美异常，讲究合理的人物比例，生动形象，可以给观赏者极大的艺术享受。我国著名的木雕大师林学善，曾跟阮宝光学艺，毕业于福州工艺美术学校雕塑科，在中央美术学院结业，受到正统的美术教育，艺术功底非常深厚，这些奠定了其辉煌的木雕成就的基础。其代表作有《采茶扑蝶》《一衣带水》《煤矿女工》等，因创作著名的龙眼木根雕《达摩》，而成为业内声名远播的“达摩善”。佘国平出身于木雕世家，是当今名震四海的木雕大师，他的木雕传统技艺来自于其父亲，他继承优秀的木雕传统之余，又在创作中加入了许多现代手法，传统与现代相结合，其作品或挺拔刚健，或柔美多姿，形象生动，别具一格。

◆ 东阳木雕艺术

浙江东阳被誉为“木雕之乡”，是我国木雕的传统产地，这里生长着多种适合雕刻的木材，为东阳木雕的发展创造了条件。东阳木雕起源于唐朝初期，至今已有千余年的历史。南宋时期，木版刻书在东阳非常流行，这也在一定程度上推动了当地木雕的前进，因此南宋的东阳木雕已有较高的工艺水平。到了明清时期，东阳木雕兴盛起来，并在清朝中期发展到顶峰。直到今天，东阳还保存着 100 多处明、清两代的建筑，其中肃雍堂、卢宅等都是知名建筑。清乾隆年间东阳木雕已经闻名全国，当时这里就有 400 余名民间工匠进京修缮宫殿。东阳木雕除了在宫殿、寺庙等建筑装饰木雕上发挥作用外，在制作家具、生活用品、工艺品方面也是别具一格的。

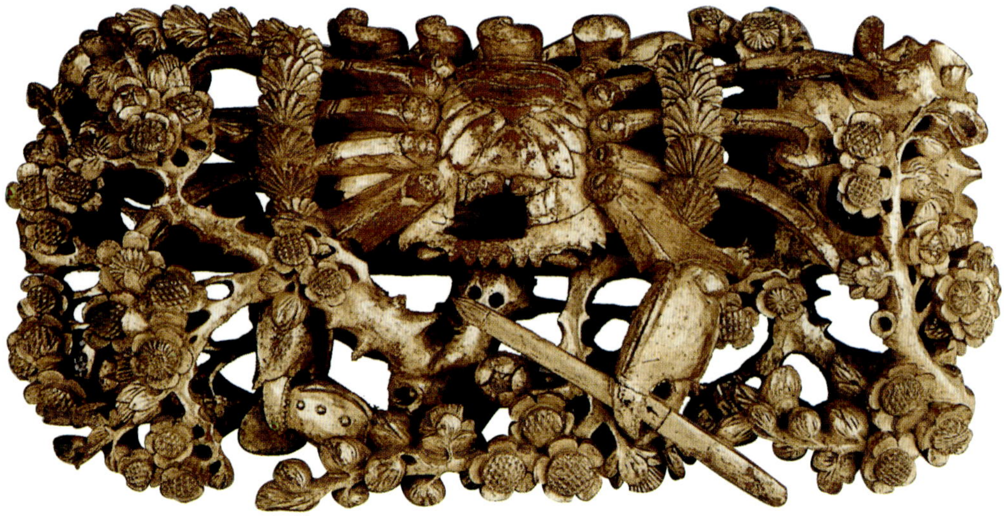

梅花螃蟹纹梁托 通雕

福字挂饰 东阳木雕

清 骑鹿寿星 木雕

东阳的人文、地理环境对东阳木雕的创作与发展产生了很大影响。东阳位于浙江中部，以前这里很闭塞，传统的门第思想、宗族观念等都得以保留，像嫁娶、祝寿、拜神、祭祖等活动常在用木雕装饰的祠堂、花厅等场所举行，在这样的条件下，东阳木雕得到了很大的发展。

东阳木雕常根据建筑和其他器物的不同需求进行不同的构思、设计，这是其一大特色。东阳木雕布局合理，造型生动，层次感丰富，注重精雕细刻，雕刻的主要手法为浮雕，再辅以镂空雕、圆雕、半圆雕、透空双面雕、锯空雕、阴雕等，具有浓厚的地方特色。在东阳木雕的不断发展中，其雕刻工具也越来越成熟完备，主要的雕凿工具包括平凿、圆凿、三角凿、蝴蝶凿、翘头凿、雕刀等。

东阳木雕的艺术特色使其特别适宜表现戏曲故事和人物典故的题材，因而东阳木雕的主要内容就是富有情节性的人物题材，如戏曲故事、神话传说、历史典故等。这些作品构图完整、精雕细刻，以刻画人物为主，同时注重环境的陪衬作用，雕刻的人物圆润饱满、表情丰富、服饰飘逸，陪衬的亭台楼榭与花草树木精致优美，相互融合，呈现出的作品和谐而美好。此外，吉祥图案、高山流水、祥禽瑞兽等题材也在东阳木雕中经常见到。

东阳木雕注重细节，精细部分的雕刻简直出神入化，人物的须发、建筑的片瓦、鸟兽的鳞甲都一一展现，令人拍案叫绝。东阳木雕注重古色古香的韵味，很少涂抹油彩，颜色淡雅，纹理自然，又被称“白木雕”。经过漫长岁月的洗礼，那些作品仍然保持着木材的质感，更显古典雅致。当代东阳木雕艺术师们一方面继承了木雕的优秀传统，另一方面在题材和技法上进行创新，现在东阳木雕的创作方向正逐渐转到观赏型木雕上，雕刻出了许多工艺精湛的工艺品。

子孙满堂 东阳木雕挂饰

安居乐业 沉香木雕

近代东阳地区出现了不少杰出的木雕艺人。其中杜云松、黄紫金、楼水明三人分别被冠以“雕花皇帝”“雕花宰相”“雕花状元”，被称为木雕“三杰”，在老一辈的东阳木雕艺人中占有重要地位。到了现代，东阳木雕继续前行，其中工艺美术大师陆光正、冯文土、吴初伟等在木雕界很具影响力。陆光正的作品不仅将东阳木雕的精髓展现其中，还在此基础上进行创新和突破，他的工艺品精雕细刻，形象逼真，布局巧妙，他习惯于将圆雕、高浮雕、浅浮雕综合运用，作品显得文雅而内敛，给东阳木雕带来了新的活力。

◆ 潮州木雕艺术

翻阅史料，可以得知潮州木雕的历史已有上千年之久。唐朝刘恂的《岭表录异》中就有关于潮州木雕情况的文字：“枹木，产江溪中，叶细如桧，身坚类柏，惟根软不胜刀锯。今潮、循人多用其根，刳而为履。当未干时，刻削易如割瓜；既干之后，柔韧不可理也。或油画或漆，其轻如通草……今广州宾从诸郡牧守，初到任，下檐皆有油画枹木履也。”明朝永乐年间编撰的《永乐大典》中《刻漏记》也有关于北宋至和年间潮州郡守郑绅命人雕刻金漆木雕的记载。

清 圣旨架 金漆木雕

经过了前朝的推广和发展，潮州木雕在明、清两代盛行起来，清末民初是它的巅峰时期。此时期由于年代较近，很多木雕精品被保存了下来，如明朝修建的潮州府衙镇海楼、明朝髹漆贴金千佛塔、揭西县郭氏大楼和陈氏家庙、潮阳东里方寨等。在建筑装饰中潮州木雕得到了长足发展，同时潮州木雕在日常生活中的居室装饰上也得到了广泛应用。

神椟（祭祀用品） 潮州金漆木雕

桌椅一套 潮州木雕

广东潮州位于潮汕平原上，这里气候温暖湿润、物阜民丰、经济繁荣，再加上潮汕地区深厚的文化底蕴，为潮州木雕的发展提供了物质和文化基础。潮州木雕产地很多，潮安、潮阳、揭阳、饶平、普宁和澄海等地的木雕分布较为集中。最开始，寺庙、宝塔等宗教建筑上用到的潮州木雕最多，整体感觉比较豪放。明清以后，宅院、祠堂、普通民宅等建筑装饰都会用到潮州木雕工艺。根据《潮州府志》中的相关记载，不难发现在清朝乾隆年间，木雕已广泛应用于各种建筑装饰上。

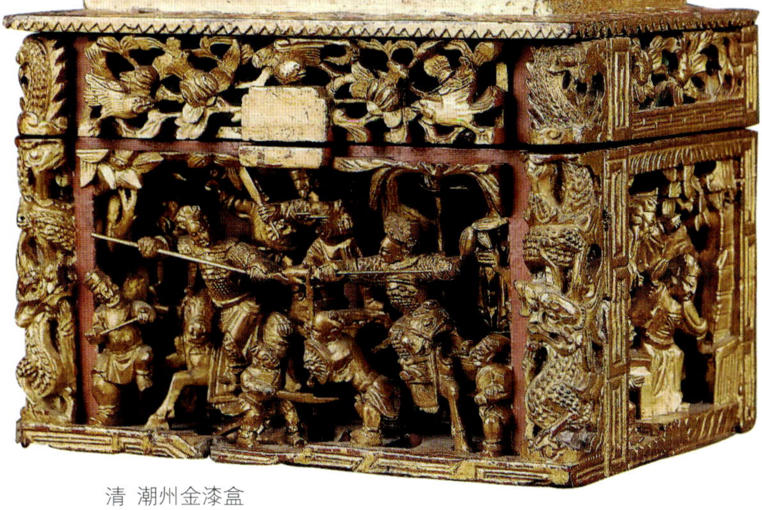

清 潮州金漆盒

潮州木雕可细分为三类：一类是“黑漆装金”，这是潮州木雕中数量最多的，就是在雕刻作品上先涂抹匀黑色的漆料，再在黑漆上铺金箔；还有一类是常用在建筑装饰上的“五彩装金”，它和黑漆装金是对应的，以青色、大绿色或紫红色、粉黄色装彩，再贴金箔，形成流光溢彩的效果；最后一类是本色素雕，顾名思义就是不涂油漆，保持木材原本的色泽和纹理，这种木雕颜色清淡、格调雅致，适合用于精雕细刻的屏风、香炉罩等物件上。

潮州木雕的题材丰富多彩，有神话传说、历史典故、戏剧故事等故事性强的题材，还有祥禽瑞兽、花鸟鱼虫、仙草芝兰等吉祥寓意的题材。潮州木雕所用木材一般都是当地出产的，杉木一般用于建筑装饰方面的大件作品；樟木常用来制作家具等器物，这是由于樟木的韧性非常好，适合雕刻层次丰富的作品，上漆贴金后显得流光溢彩，精美异常，同时具有防腐、防虫蛀的优点。潮州木雕的工具齐全，包括选材制坯用到的扣槌、刀凿、钻、锯，雕刻需要的方凿刀、圆凿刀、雕刀、毛尾刀等。

金漆画人物馔盒

神轿（祭祀用品）　潮州木雕

潮州木雕的技法娴熟细腻，其作品匀称饱满，纹饰繁密精致。主要技法有通雕、浮雕、圆雕、阴刻等多种，其中最令人惊叹的是通雕工艺，经过历代艺人们的发展，已从三层通雕发展成了五层通雕，用此技法雕出的作品，剔透玲珑，精巧无比。髹漆贴金是潮州木雕的一大特色，这种木雕的加工比较麻烦，雕刻完成后还要进行制漆、滤漆、填料、上漆、干固、贴金的步骤。不同的木雕可以做多种髹漆并饰以金箔，如黑漆描金、五彩饰金、全面贴金等，形成了潮州木雕辉煌耀眼的艺术风格。1949 年以后，潮州木雕艺人们不断充实自身技艺，努力将这一优秀民间工艺发扬光大，涌现出许多优秀的木雕艺人，他们创作出了不少令人赞不绝口的优秀作品，如《穆桂英挂帅》《黛玉葬花》《强渡大渡河》《清明上河图》等，引起了国内外的广泛关注。

木雕作品的保养

木雕工艺品来自民间，其历史文化源远流长，民间的木雕艺人利用他们的智慧和汗水创制出无数精美绝伦的木雕工艺品。对于收藏者来说，外观精致、寓意美好的工艺品，能陶冶情操，提高审美水平，为生活增添些许情趣。

既然如此，每个收藏者自然都希望自己的心爱之物能永葆青春，始终散发着艺术的光芒，那么如何妥善保养木雕工艺品就显得很重要。下面就木雕工艺品的保养进行简要介绍。

笔筒 沉香木木雕

牛郎织女 木雕摆件

木雕工艺品不宜长时间放在烈日下暴晒，否则容易造成其开裂。因此在摆放的时候，就应该注意这一点，不要把木雕品摆放在阳光充足的窗口。另外，木雕工艺品易燃，一定要令其远离明火、火墙、火炉。

立马成功 木雕摆件

极潮湿或者极干燥的室内都不适合木雕制品的保养。若室内太潮湿，部分木雕工艺品是会发霉的。例如，绿檀工艺品受潮就会吐出银白色的丝来。环境过于干燥对木雕工艺品也不利，会使其开裂。如今人们的生活水平逐渐提高，在寒冷的冬天，人们纷纷使用暖气，夏天炎热，可以吹空调。切记不要让木雕对着空调风口直吹，也不要将其太过靠近暖气管。

倘若木雕工艺品上落了尘埃或是沾了污渍，不宜用湿毛巾擦拭，这样会使木雕受潮，对其造成伤害，最好使用含蜡质的或含油脂的纯棉毛巾擦拭。平日里，应时常用干棉布或鸡毛掸子掸去木雕工艺品上的灰尘，令其保持清洁。如果发现木雕工艺品的光泽不明亮了，可以用刷子蘸取上光蜡涂于木雕工艺品的表面，再用软布擦一下即可。另外，用纯棉毛巾蘸一些核桃仁油均匀擦在木雕工艺品的表面，效果也很好。

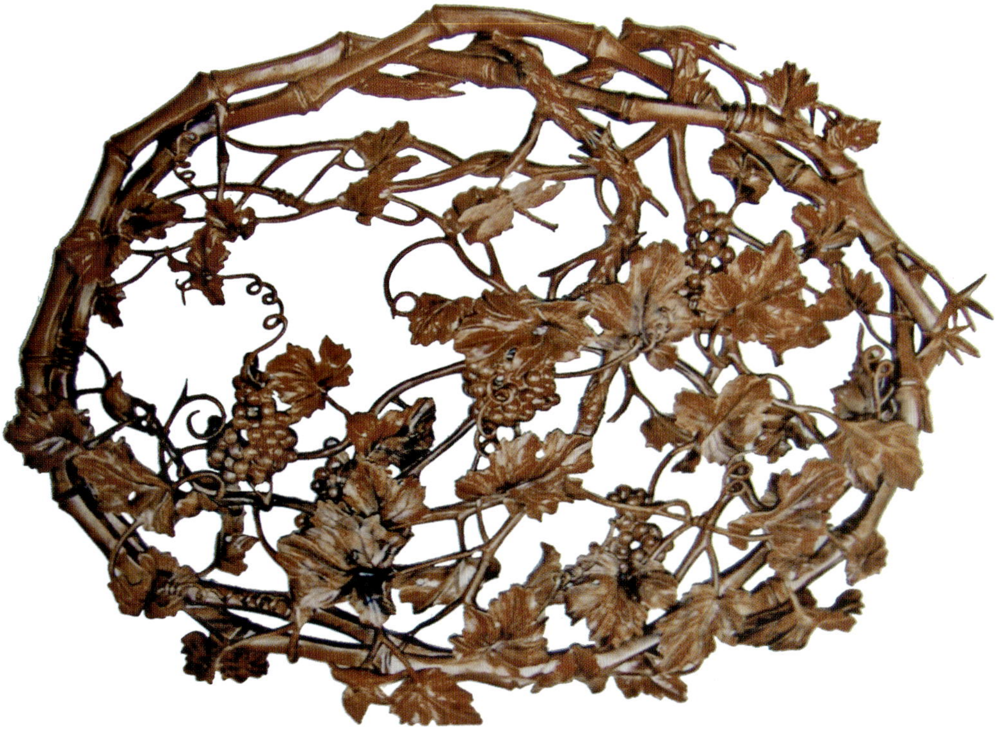

工艺品 镂空木雕

玉雕

第三章 博大精深之玉雕

自古以来，中国人对玉就有着特殊的崇拜之情，中国人发现并使用玉的历史已有几千年。智慧的先民们很早就将神秘、道德等含义赋予了玉器，使其具有深远的意义。艺术是人类思想文化、社会文化的反映，玉器也是如此。我国古代的玉雕制品深受当时的思想观念、社会经济、社会文化等各方面的影响。博大精深的玉雕文化的形成，经历了一个很漫长的时期，随着社会经济文化的发展而不断变化。那一件件巧夺天工、出神入化的艺术瑰宝，凝结了古往今来历代玉雕大师们无数的心血和智慧，有力地推动了人类文明的发展。

玉雕的历史溯源

◆ 孕育期——新石器时代

从相关的考古研究可以得知，中国最早的雕琢玉器的历史可追溯到新石器早期。考古人员先后在中国各地发现距今5000年前后的新石器时代的玉制品。在各地发现的5500年前的玉制品，以装饰品类和工具、武器类为主，此后，才开始出现具有宗教意义的礼器，如璧、琮等，而工具中的钺、刀已是某种权力的象征。

相关研究人员认为，中国的原生文明非常丰富，我们可以按照玉文化把中国新石器时代划分为三个部分：红山文化、凌家滩—良渚文化及两者消失后的龙山时代中原玉器文化。

玉璧

玉玦

红山文化玉龙

中国北部的今内蒙古、东北三省一带诞生了红山文化。因当时的玉制品首次发现于内蒙古赤峰红山，因此得名。兴隆洼文化时期红山文化开始萌芽。此时期出土的玉制品数量极大，除斧、钺、璧、联璧、管、棒形玉、钩云形佩外，还发现了以动物造型或类似花纹装饰的玉佩类，如鱼、龟、鸟、凤、龙、猪龙等，最吸引人眼球的是玉龙和各种动物。其中“三星他拉红山文化玉龙”是最早的中国玉龙形象，形制精美，算是北方出土的最有特点的玉器作品。中华民族赋予了龙深刻的含义，红山文化出现的玉龙对研究中国龙的起源及形象具有非常重要的意义。

凌家滩—良渚文化位于南方地区，其范围是北到山东海岱地区，西北到甘肃、青海，西至长江三峡，南到广东，东南至台湾的大片地区。其特点是出土玉器数量最多、制玉水平最高、影响力最强。此时期的玉雕非常精细，有不少玉制品上刻有兽面纹，刻纹细如发丝，有的甚至需要借助放大镜来观察，达到了中国玉文化的第一个鼎盛时期。

双龙玉璜

凌家滩遗址出土的玉器有璜、玦、环、镯、璧、璧饰、钺、龟、玉鹰、玉龙、玉人、长方形玉片、三角形玉片、三孔玉饰、蝉形饰、宝塔形饰、勺、笄、管、坠饰和一些不知名的玉器等，年代可能早于良渚文化。良渚文化发现的玉器更加丰富，包含有璧、琮、钺、璜、冠形器、三叉形玉器、玉镯、玉管、玉珠、玉坠、柱形玉器、锥形玉器、玉带及环等，璧、琮数量最多。其中“玉琮”是一种非常有代表性的器物，外圆内方，非常精美。良渚文化将玉器的制作和使用技艺推到了巅峰。

蟠虺纹谷纹玉璧

龙山玉文化的出现，标志着中原玉文化的兴起中原玉文化主要是在河南周围，包括山东、湖北、山西、陕西、甘肃、青海等地区。这些地区的玉制品风格很相似，基于考古学文化的同一性，相关人员认为这些玉器应该来自中原地区。这个时期出土的玉器最常见的种类为武器、工具等，如钺、锛、戈、圭形端刀器、多孔大刀等，它们象征军事指挥权或礼仪。

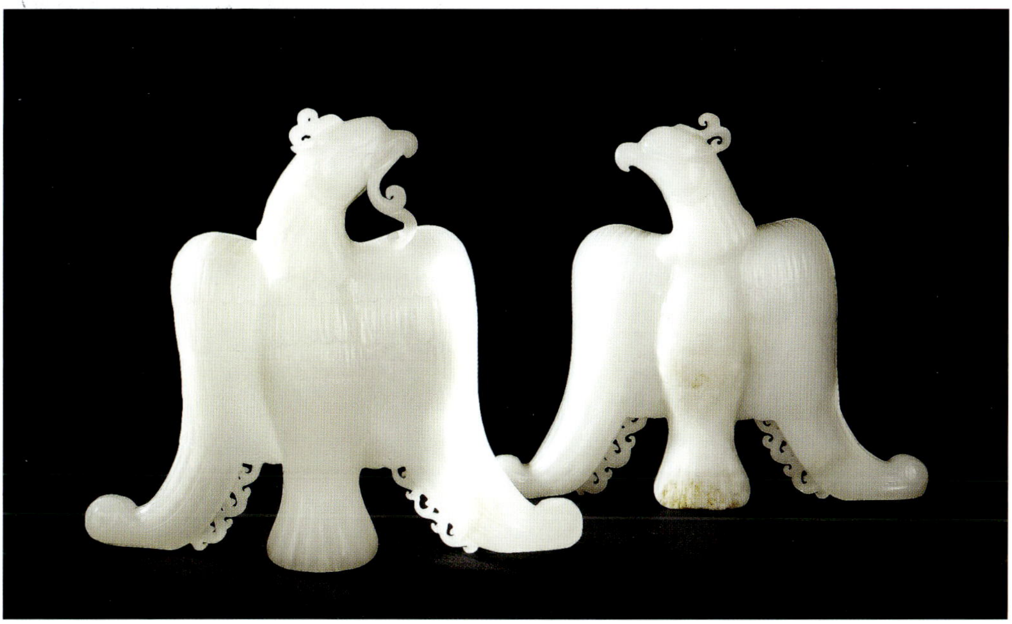

鹰 和田羊脂白玉

装饰类玉器有璜、管、坠、璧、环式镯、发簪等，数量较少，制作也不如以前精美。石家河遗址中出土了许多玉制品，如人头、蝉、虎、龙、鹰、鹿、羊等，玉璧、琮数量减少，这些玉雕大多无纹饰，制作也不精美。

总体来看，原始社会的玉雕以一些平面体或柱状体的兵器、礼器和一些珠饰、片饰等最为常见。这些制品大多对称、整齐，实用性较强，器形多比较光滑，偶尔出现简单的阴刻线纹。

◆ 成长期——夏、商、周

夏、商、周处于中国的奴隶社会，龙山时代中原玉文化的特征被此时代直接继承，而且还运用先进的铜器来制作玉器。这一时期的玉雕开始形成手工业，具有一定规模的手工作坊建立起来，并出现一批技术队伍，在这样的条件下，玉器雕刻的工艺不断发展，玉器造型和纹饰开始复杂起来，使用的雕刻材料不断丰富，包括南阳玉、岫岩玉、玛瑙、萤石、水晶、孔雀石、绿松石等数十种。

玉戚形璧

夏朝的玉器多见工具或武器的仿制品，又长又宽，薄而有刃，但并不具有实用价值，很明显这是一种显示统治者具有至高无上权力的仪仗工具。具体说来有刀、戈、戚、斧（丰）、镞、锥、矛、柄形器、管等。如刀、戈、戚、柄形的大部分玉器都是从龙山文化中继承下来的。夏朝玉器，既有素面的也有刻有精美饰纹的。此时期的纹饰主要有直线阴弦纹、直线交叉的几何纹、绳索纹、云雷纹、花瓣纹、兽面纹和人面纹。而且此时期首次出现了“臣”字纹，并被商朝及西周时期沿用，具有重要的意义。

玉刀（一组）

到了商周时期，人们开始用玉来象征伦理观念中的高尚品德，把玉比作谦谦君子，对玉有了特别的喜爱之情。这种思想逐步发展成信仰玉和用玉的一整套制度，自此玉成为中华民族崇奉的瑰宝。商周时期总结出了关于玉的伦理道德观，后来又经过孔子等诸子百家的宣扬、推崇，使其展现出了更加旺盛的生命力。

商 玉猪

黄玉凤纹龙柄觥

商朝出土的玉器数量繁多、品种齐全、工艺精湛，后人均为之惊叹。商都安阳殷墟出土的商朝玉器最多。举世闻名的“妇好墓”出土了755件玉器，是商朝出土玉器最多、最精美的一处墓穴。其他的一批精美玉器在四川省广汉三星堆、湖北盘龙城、江西省新干县大洋洲遗址出土，其种类、特征与商王朝中心出土的玉器相似。

西周玉器继承了殷商玉器的风格，但也有一些自己的特点。此时期有不少如鹿、虎、鹰、牛等动物形象，造型虽简单但生动写实。

到了东周时期，出现了浮雕，玉器种类仍有夏、商很常见的仿工具类玉器，但是仿武器的仪仗器中已不再有刀、戚这两种，还存在的戈和钺均尺寸减小，或转作他途。与人神有关的玉器中，人头或人面形器更少见了，圆雕和两面不同形象的玉人几乎消失了；像生类玉器普遍减少，相对增多的只有玉虎、玉鹿和玉鱼三种。此时期的玉琮比殷商期多而典型，但多是素面的，玉圭首次出现且数量众多。此时期的玉佩首次发展成了成组串饰。东周出土的玉具剑以及组佩、葬玉，对研究当时社会的玉习俗有重要意义。此时期的玉也用于仪礼、典庆、祭祀场合，山西侯马晋国发现的上写有盟誓内容的玉圭、玉片，证实了这一点。

综上所述，夏、商、周时期是中国玉器的基础和繁荣时代。这种繁荣有它的客观条件，也有源自社会的推动力。

西周 和田玉兽

春秋 螭虎 和田白玉

◆ 转变期——春秋战国

奴隶制社会向秦汉时代玉器转变的过渡期玉器就是春秋战国玉器，其起着承前启后的作用。这表现在如下方面：玉器种类与之前有很大差异，之前存在的仿工具和武器形的玉器基本绝迹了；之前盛行的六器中有五种都衰落了，只有玉璜发展迅猛且数量丰富；玉器中的玉虎（琥）一枝独秀，数量大增，且制作比前代更加精美。

西周出现的成组佩玉在此时期得到了大力发展并趋向成熟，组串的形式变得更加丰富多样，串缀物制作有一定的章法，一般是上有衡，中有双璜和圆环形器，最下则串冲牙，间串琚。人神器中已很难发现人头或人面形器，跪地抚膝人像和人兽复合像、蹲踞举掌式人像等均消失了，取而代之的是跪地但双手拱于胸前的贵族式玉人。此时期还创制出了史无前例的新型玉雕，具有代表性的有玉带钩、玉具剑饰物等，这些器物对后世产生了重要影响。传统玉器出现了新的使用方法，如玉璜，其外形虽与之前没什么区别，但在穿孔和佩戴方式上却发生了变化。

战国 雕龙玉戈

前代的玉璜有两种穿孔方式，一种是孔仅在一端，另一种是只在两端各穿一孔，佩戴在身上时朝下的一侧是凸弧的，朝上的一侧是凹弧的。而春秋中期的玉璜，除两端穿孔的形式被保留外，还有近一侧的中部加穿一孔的新形式，如此一来，佩戴时就与以前的情况完全相反了。若将其作为成组佩玉之玉珩，其两端之孔还能用来挂缀其他佩件。从战国时期开始，玉器上以前常见的喇叭形孔变成了直径上下大小相近的孔。此时期的片饰玉佩有单形和对称形。单形的大多类似龙形、鸟形，对称形犹如双龙、双凤、龙凤对称形。佩有椭圆、圆、半圆、S 形、任意形等外形。

战国 子母兽 和田玉

春秋战国时期的玉器纹饰也有自身独特的特点。春秋早期玉雕上仍有短而密的双勾纹，到了中晚期，所有的饰纹都变成了似龙非龙、似虫非虫、头尾交连、又小又密且界线不清的夔龙纹。战国玉器最大的变化表现在纹饰方面，浮雕纹饰成为主流。浮雕纹饰有两种不同的表现形式，其一是商朝的双勾碾轧法，其二是东周以后的起边棱深浅浮雕和撞地浮雕法。此时期的纹饰图案化，在有一定规律的图案中加入了不规则的纹饰，使画面看起来更生动鲜活。纹饰线条清晰，布局得当，颇具美感，与玉之美不谋而合。另外，玉的雕琢工艺进步很大，弯转自如，不拖泥带水。有的纹理细如须发，不滞、不断。镂空的手法更能衬托纹饰的美丽，孔眼紧凑，变化多端，线条流畅平顺，尖角锋利，大小弯转适宜，形成了极好的效果。此时期的纹饰种类非常丰富，主要有谷纹、涡纹、蒲纹、云纹、勾连云纹、竹节纹、网状纹、绳索纹。龙形纹在此时期最受欢迎，并派生出新的所谓的蟠螭纹。从玉璧这种玉雕制品中最能感受到纹饰的变化，它不再是之前单调的圆形，而是在璧缘、璧孔中镂空龙、凤形象。玉璧自原始社会出现以来，经久不衰，从无纹饰到阴线、阳线、撞地浮雕，再到战国时代的璧缘、璧孔中的镂空雕，造型更加生动，纹饰也更加繁复，使玉璧的形象丰富起来，更为汉朝盛行的出廓璧打下了基础。

战国 蓝田双龙玉人佩

汉 片状玉人

汉 玉蝉

◆ 发展期——秦汉

秦汉玉制品继承了前代玉雕的精华，同时又转变过渡，更是将玉礼器制度推向了巅峰。

秦王朝非常短暂，给后世遗留下的玉雕制品少之又少，古代典籍中详细介绍的“传国玺”是秦国首创，是名垂千古的玉制品，遗憾的是并没有留下实物。

到了汉朝，春秋战国时代大受欢迎的成组的佩玉，在此时期却被禁用，不再加工制作。而数量有所增加的是单个玉佩，这种玉佩有特殊含义。此时期还出现了新品种的佩，如玉刚卯和严卯、玉舞人佩、玉翁仲等。汉朝玉雕制品的另一大特点是大量盛行葬玉以及玉衣，如令后人叹为观止的刘胜墓的金缕玉衣、楚王墓的金缕玉衣，还有银缕玉衣等，其制作复杂，是用金丝或银丝将数千枚玉片穿起来做成玉匣状，来包裹尸体。

汉 金缕玉衣

大量出土的葬玉，包括玉琀、握玉、玉面具、九窍塞等。葬玉在贵族阶级和平民百姓中均广泛使用，只不过在等级森严的封建制度下，不同等级、不同阶层的人使用的葬玉规格、档次不同而已。玉衣及葬玉逐渐形成了一整套的葬玉文化。汉朝的像生型玉器包括玉鸠、玉鹰、玉马、玉羊、玉虎、玉熊，还创新出了玉辟邪、玉青龙、玉白虎、玉朱雀、玉玄武等。这些玉雕制品在用途、器种、纹饰等方面都发生了很大变化。

两汉玉器最引人注目的品种和形式的变化是选料精细和器型变大，这使得世间一批精美异常的大型玉雕件得以问世。我国首次出现了耗费数百上千块玉组成的一件玉衣和同一器物上有多种纹图修饰，像玉“四灵”纹瑗、玉樽都是利用了多种纹饰。如果说新石器时代的玉器是神秘的，商朝玉器以写实为主，西周至战国玉器注重装饰的话，则两汉玉器就涵盖了以上各时代玉器的特点，此时期玉制品用途之广，制作之精美，内涵之深奥，是史无前例的。

玉雕从原始社会发展到汉朝，可以说是走完了第一个历程。这个历程从挑选玉料到雕琢加工，再到应用于社会的方方面面，它是一个完整的整体，始终受统治者的控制和约束。

西汉 黄玉舞人

◆ 繁荣期——隋唐、五代、宋

唐朝既继承了我国的传统文化又引进了外来文化，使其自身文化变得丰富多彩，各种艺术形式都得到了很大发展。

唐朝玉器虽然还是主要为皇宫、贵族服务，但和汉以前还是有很大不同的。除了发现有中国传统的玉器，还发现了不少外来玉器及中外交融的玉器。

隋唐玉器豪华尊贵、气韵生动。其琢制手法豪放大气，风格与当时的绘画、壁画、雕塑（石雕、泥塑）很相似。雕琢出的人物、动物造型都生龙活虎，虽形体夸张却又不失法度，富有浪漫主义色彩。细节部位的装饰擅长较密集的阴线，与绘画上的铁线描类似，不加任何刻饰，显得很自然。此时期还出现了金镶玉等玉器形制，把金、玉互相搭配起来。此时期的玉器中杯盏类特别多。

唐 舞人 和田白玉

唐 梳子 青玉雕

北燕冯素墓中出土了玉盏，北齐库狄回洛墓和集安高句丽墓出土了白玉耳杯，隋李静训墓出土了白玉杯。北京故宫博物院展出了唐青玉人物纹杯、青玉单耳瓜棱杯、青玉莲瓣纹杯、云纹杯。这些杯盏，既继承了传统玉器制造的工艺，又具有当时杯盏造型的鲜明特点。此时期的各种玉制器皿数量不断增多。

五代玉器制作深受唐影响，四川省成都市前蜀皇帝王建墓，江苏省南京市东善桥祖堂山南唐皇帝李昪、李　墓等有比较大的研究价值，出土的玉雕制品包括玉带、玉佩、玉梳背、玉哀册等。

进入宋朝以后，皇宫内设立了专门从事玉器制作的机构，而且借着商品经济的发展，民间的琢玉作坊迅速发展起来。宋朝的玉器种类主要包括玉带板、玉发冠、玉钗、玉佩、玉龙、玉鹿、玉马、玉鸟、玉鸭、玉鱼、玉龟、玉花、玉碗、玉杯、玉盂、玉盒、玉洗、玉笔架、玉镇纸、玉砚滴、玉印章等。另外，此时期的仿古制作蔚然成风，大量的仿古玉器出现。仿古作品有玉璧、玉琮、玉剑饰、玉龙佩、玉瓶、玉炉等，它们也具有一定的艺术特色，具有一定的价值。

唐 荔枝白净瓶观音

宋 青玉剑首

宋朝时期，玉器造型和纹饰得到了综合发展，出现了各具特色的深浅浮雕、圆雕和镂雕，其中平浅刻和镂空工艺是最具代表性的。虽然平浅刻和镂空工艺并不是宋朝首创，甚至有的朝代这两项工艺也发挥了较高水平，但其在宋朝极其发达，形成了具有鲜明特色的风格。

玉琮

宋朝玉器借鉴了绘画艺术的一些内容而有所创新，在写实主义花鸟画影响下，玉器装饰题材焕然一新，迎合市场需求的镂雕技艺进一步显示出生命力。其代表性作品有玉折枝花饰、花锁、双鹤衔草饰件等。此后金石学逐渐兴起，激发了人们对古玉的收藏和考证的热情。人们对唐、宋两个时期艺术思潮的总评价为唐创新、宋模古。

◆ 鼎盛期——元、明、清

元朝存在的时间并不长，但统治者重视玉器制造，因此遗留下来一定数量的玉雕制品。此时期的玉制品有玉带板、玉带饰、玉带钩、玉带扣、玉押、玉人、玉鸟、玉兽、玉鱼、玉杯、玉洗、玉瓶、玉樽、玉炉及其他玉饰。陈放于北京北海团城上的大玉瓮，即“渎山大玉海”是元朝最有特色的一件玉雕制品，它是一个大酒缸，是元世祖忽必烈宴赏大臣时用的，可贮酒30余石，它曾长时间下落不明，重新被发现是在清乾隆年间。

元 秋山子摆件 青白玉雕

清 龙牌连座 青白玉雕

明朝以定陵出土的玉器最具研究价值，还有不少玉雕精品是在其他王室墓中出土的。明万历皇帝的陵墓被称为定陵，这里出土了大量金银、玉器及红宝石、猫眼等稀世珍宝，璀璨耀眼。其中的玉制品质地细如凝脂，雕工炉火纯青，有上等的脂白玉花饰、白玉杯、白玉爵、白玉壶、白玉皂盒、青玉圭、玉盂、碧玉大盘、玉带等。总的来讲，明朝宫廷的玉器得到了很好的发展，逐渐趋于成熟。民间玉器的用料、雕工等方面和宫廷玉雕还是有一定差距的，但民间的玉器小雕件发展较好。

清朝玉器发展极其迅速，这一方面是因为此时期玉原料充足，尤其是乾隆帝平息回部大小和卓的叛乱后，新疆每年向朝廷进贡的和田玉数量是非常惊人的；另一方面是因为统治阶级对玉的极度推崇。因此人们藏玉、爱玉的热情非常高涨。清朝玉器数量极大，制作特别精美，而且还留下了许多大型传世名品。全国较发达城市的玉肆发达。此时期玉器的用途更加广泛，涉及了方方面面，包括陈设、器皿、佩饰、祭器、偶像、文玩、镶嵌等许多类别。清朝宫廷玉器达到了当时玉雕工艺的最高水平，地方玉器虽也不断发展，但和宫廷玉器相比差距较大。

明 梅花花插 青玉雕

乾隆帝爱玉成癖

乾隆皇帝爱玉成癖，他对玉石的赏玩和收藏是历史上任何一个皇帝都无法与之相媲美的。他一生欣赏过无数件玉雕精品，故宫收藏的他御览过的玉器，达数万件之多。在乾隆皇帝的倡导下，清朝宫廷玉器的做工之精、数量之多、种类之全，是历史上任何一个朝代都无法与之相比的。

早在乾隆整顿吏治时，就非常钟情于高雅纯洁的美玉。每年各地官员给朝廷上供，玉石是必不可少的，因为乾隆把玉石看作最珍贵的宝物。乾隆把玩起玉石来就爱不释手，他总是想尽办法得到美玉。除了每年惯例的常贡之外，他允许官员随时进贡，他甚至用高于市场价格的钱回赠上贡官员。他在位期间，宫里摆满了各种翡翠玉器，他自己所有的用品几乎都是用玉制成的。乾隆皇帝爱玉并不只是爱它浅显的美丽，他还是一位很有眼光的玉器鉴别师，他亲自鉴赏从各地收藏来的古玉，而且他还酷爱在收集到的古玉上题诗，其数量总计有 800 多首。

乾隆还控制了玉源地，解决了玉原料问题，宫里因此拥有了大量上等的玉材。然后他就把全国各地的优秀玉雕设计师和匠师聚集到宫中来，在宫中开设如意馆等机构专门制作玉器。当时苏州的玉雕工艺在全国是首屈一指的，乾隆帝就发派苏州织造制作玉器的活计，使得大量精美绝伦的玉雕作品问世。到了晚年时，乾隆收藏的玉雕精品数不胜数。闲暇时光里，乾隆总是会把这些玉器拿出来擦拭、把玩。其中有一件名为《桐荫仕女图》的作品深得乾隆欢心。整块玉石的中心被掏去一大块，苏州工匠将余下的材料琢成了一个展现江南庭园景色的物件：园门内外可见繁茂的蕉叶和假山风景，中间是虚掩着的两扇半月形门扉，门内外各有一位白衣少女站立着，她们透过门缝相互窥望。这件作品设计极其巧妙，玉匠巧用废料、妥善利用玉的颜色，形成了这样诗情画意的效果。在乾隆看来，这件玉雕作品就是价值连城的珍宝。

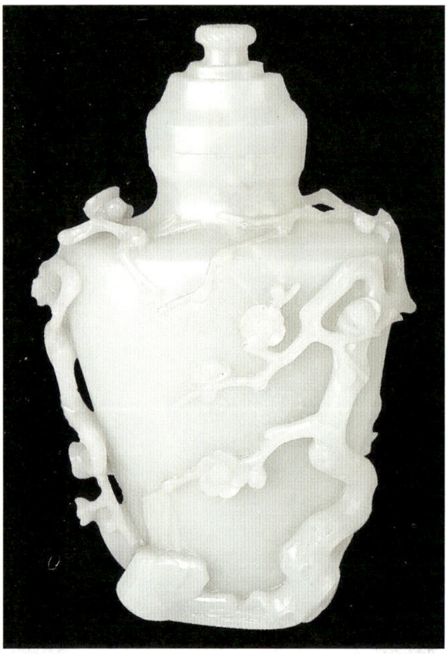
清乾隆 梅花盖瓶 玉雕

清乾隆 凤出岐山纹瓶 黄玉雕

玉雕的主要材料

中国被誉为“玉石王国”，对玉的使用在世界上是最早的。玲珑剔透、温润纯洁的美玉曾令多少人如痴如醉、百般迷恋。目前世界上可用的玉石矿物有230种，中国占了50余种，其中新疆和田玉、河南南阳玉、湖北绿松石玉、辽宁岫岩玉等都是很有名的。世界闻名的三大产玉国为中国、印度和墨西哥。其实古代有相当长一段时期内玉石的界限是很不明朗的。按现代人的标准，我国的常见玉石有近30种之多，我们熟知的翡翠（硬玉）与和田玉（软玉）属于高档玉，其余的如普遍产出的石英质玉石、碳酸盐类玉石、河南的南阳玉、辽宁的岫岩玉、青海的昆仑玉都属于中低档的玉。

安居乐业 和田玉籽料雕手把件

层林尽染 和田玉籽料牌

富贵 和田玉籽料把件

◆ 软玉

世界上很多国家和地区都产软玉，但质量最好的软玉出自中国新疆和田地区，开发历史最悠久。因为新疆和田一带产出的软玉最负盛名，所以软玉又叫和田玉。“透闪石—阳起石”类质同象系列为软玉的主要矿物组分，有时还会有少量的伴生矿物，如透辉石、滑石、蛇纹石、绿泥石、黝帘石、钙铝榴石、铬尖晶石等。软玉材质上乘，另外孕育了新疆软玉的昆仑山给人一种神秘感，再加上中国古代政治、文化、艺术对软玉的影响，造成中国特有的玉文化根深蒂固，软玉也在中国人心中占据了极其崇高的地位。

软玉的分类

1. 按产出环境分类

（1）籽料

籽料又名籽玉、子儿玉，原生玉矿受风化剥蚀被流水搬运到河流中，被打磨光滑的玉石就是籽料。相关考古研究发现，从商朝开始到元朝，籽料一直是中国古代雕琢和田玉器的主要材料。山料开采始于元朝，清朝以后对山料的使用就已经大大超过了籽料。发源于昆仑山的几条河流的中下游出产籽料，它们水量较大，如玉龙喀什河、喀拉喀什河、叶尔羌河和克里雅河以及这些河流附近的古代河床、河床阶地，玉石有的露于地表，有的被埋在地下。

和田玉籽料原石

达摩 和田玉籽料摆件

玉料中质量最上乘的就是籽料，经过长年累月的风化剥蚀、流水侵袭，它们的外形变得非常光滑、无棱无角，且一般块度较小，如盘、如斗、如拳、如栗，重约几千克的较多，最小者就和杏仁差不多大，很少见上百斤的。籽料经河水远距离和长时间的搬运、冲刷、磨蚀，将玉石中最为致密坚硬的部分保留了下来，所以籽料的质量较上乘，质地细密，富有光泽，温润细腻，微透明。再看其颜色，白色的籽料品相最佳；还有带青、带灰的，但质量要差一些。

有外皮的籽料，我们叫它璞玉。璞玉的外皮称皮色，就是籽玉外表受氧化影响，形成了一层黄褐色或其他色泽的薄皮。皮色可分为色皮、糖皮、石皮。其中白玉的石质围岩外层就是石皮，要去掉这一层才能得到玉。业内习惯于用籽料外皮的颜色来给籽料命名，如“白皮籽玉”说的就是白皮者，“黑皮籽玉”就是黑皮者，“乌鸦皮籽玉”是乌鸦色皮者，“鹿皮籽玉”是鹿皮色者，“桂花皮籽玉”是桂花色皮者，等等。

（2）山流水

山流水的名称挺有意味，是根据采玉和琢玉艺人命名的，是指原生玉矿石经风化剥蚀，并被水流冲刷搬运到河流中上游的玉石，矿床属残积、坡积、洪积型或冰川堆积型。山流水料距原生矿近，虽受河水、雨水和冰川的冲刷、磨蚀，但被自然加工的程度不够，没能变成籽玉，许多玉料商人给它起了一个有意思的名字——“籽玉的妈妈”。

山流水原石

与籽料不同的是，山流水的棱角状况为“次棱角状”，即稍有磨圆，玉石表面虽不平整但较光亮细滑，常带有水波纹，这是沙石冲击后留下的，表面有或大或小的沙孔，尺寸偏大，片状的较多，质地比较细腻、紧密，颜色偏白，有青白、灰白、墨黑等颜色。

山流水的原料中还有一部分被称为“戈壁料”，这些戈壁滩上的玉石，是经过漫长岁月的风沙侵袭形成的。它们有些原本是山料，因地壳变动或其他自然现象的影响，被搬运到戈壁滩后，长期受风吹雨打形成的；有些是已经形成了籽料，后受外力影响也被搬运到戈壁滩上，逐渐形成的。

三角蟾蜍牡丹花 玉雕

镂空小笔筒 和田玉山料

（3）山料

又名山玉、碴籽玉，它们是产于山上的原生玉矿。尺寸有大有小、棱角分明、表面粗糙、断口参差不齐是山料的主要特点。通常我们难以把握山料的内部质量，内部结构通常显示出不同的玉性，其质地一般不如籽玉。

在软玉中，质量最好的是籽料，其次是山流水，最后是山料。但由于各种玉料的母源是山料，因此山料品种最为齐全，包含了不同的玉石品种，如白玉山料、青白玉山料、青玉山料等。

以前，对于山料的分类，玉雕行业习惯以矿坑名来命名，如戚家坑、杨家坑、卡羌坑等。戚家坑位于新疆且末地区，是清末民初时天津的戚春甫、戚光涛兄弟建造的，这里料种质量非常好，产出的玉料颜色白净，质地细腻；杨家坑位于新疆且末地区，所产玉料带有栗子色外皮，里面是色白而质润的玉料；卡羌坑也位于新疆且末，这里的玉料可分为白口、青口、黄口，质地坚硬，常带有盐粒闪星。

2. 按颜色分类

软玉的颜色特别丰富，白、灰白、青、黄、黄绿、灰绿、深绿、墨绿和黑等各色皆有。我们可以按颜色和花纹将软玉分成白玉、青玉、黄玉、碧玉、墨玉、糖玉和花玉等几大类，它们中还包含着许多过渡类型。

年年有余对佩 和田玉籽料

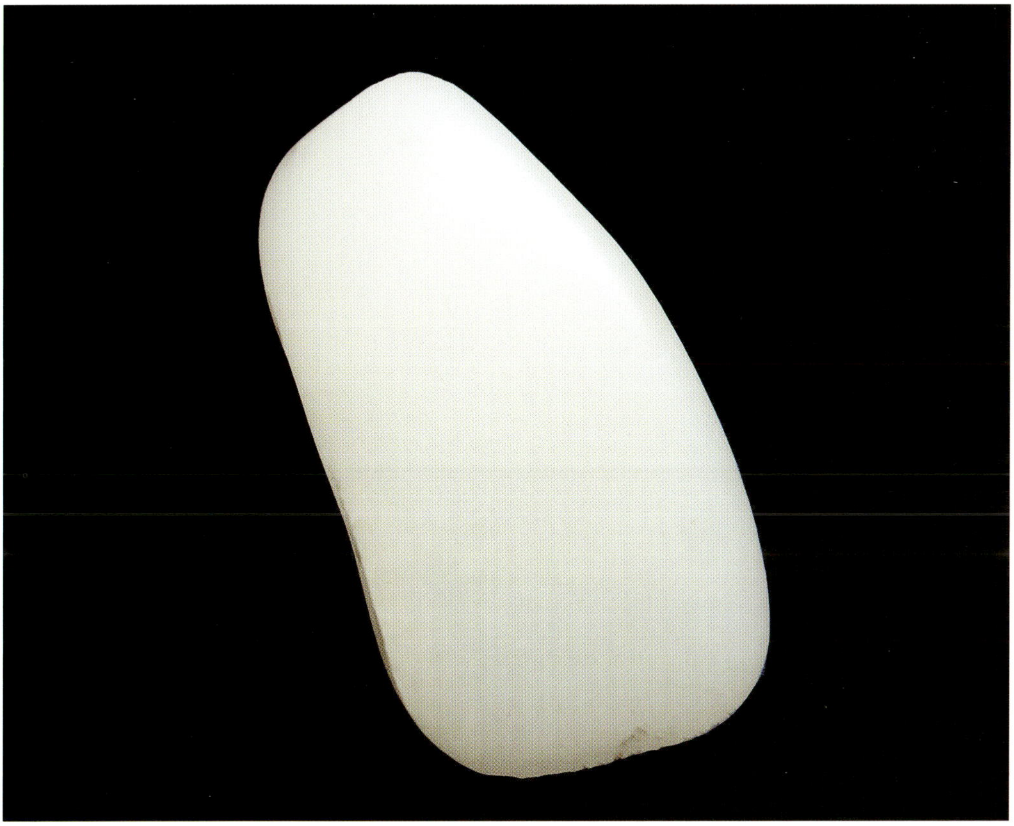

和田玉白玉原石

（1）白玉

白玉即白色的软玉，是和田玉中品相最佳的玉石，一般都是小块的，呈卵石状。根据白玉颜色的差异，传统珠宝界对其有不同的称呼，如羊脂白、梨花白、雪花白、象牙白、鱼骨白、糙米白、鸡骨白等。其中最珍贵的白玉为羊脂白玉，质地细腻，温润纯洁，光滑细嫩。在世界上仅新疆产羊脂白玉。另外，白玉并不是只有白色的，还有以白色为基调的葱白、粉青和灰白等色的白玉。由于受氧化，有的白玉表面会带颜色，如被称为“秋梨子”的带秋梨色，叫“虎皮子”的带虎皮色，叫“枣皮子”的带枣色，这些都是名贵的软玉品种。

（2）青玉

青玉颜色呈淡青至深青绿色，有时绿色中微带灰色。近年来市场上多见翠青玉的新品种，其颜色淡绿，温润细腻，广受欢迎。

（3）青白玉

青白玉介于白玉与青玉之间，是似白非白、似青非青的品种。

连年有余 墨玉手把件

（4）墨玉

墨玉的颜色为墨色至淡墨色。墨色在玉料上一般分布不均，黑白对比明显，玉雕师可充分利用此特点进行创作。另外，也有全墨色的，数量稀少，乃玉中上品。

（5）黄玉

黄玉是颜色由淡黄至深黄的软玉。黄玉质地细腻、润如凝脂，颜色娇嫩，是非常珍贵的软玉。古人认为“黄如蒸梨”色者为上品。黄玉数量极少，千年难觅，质量上乘的，其价值不逊于羊脂玉。另外，要注意黄玉和宝石中的“黄玉”或“黄晶”的区分。

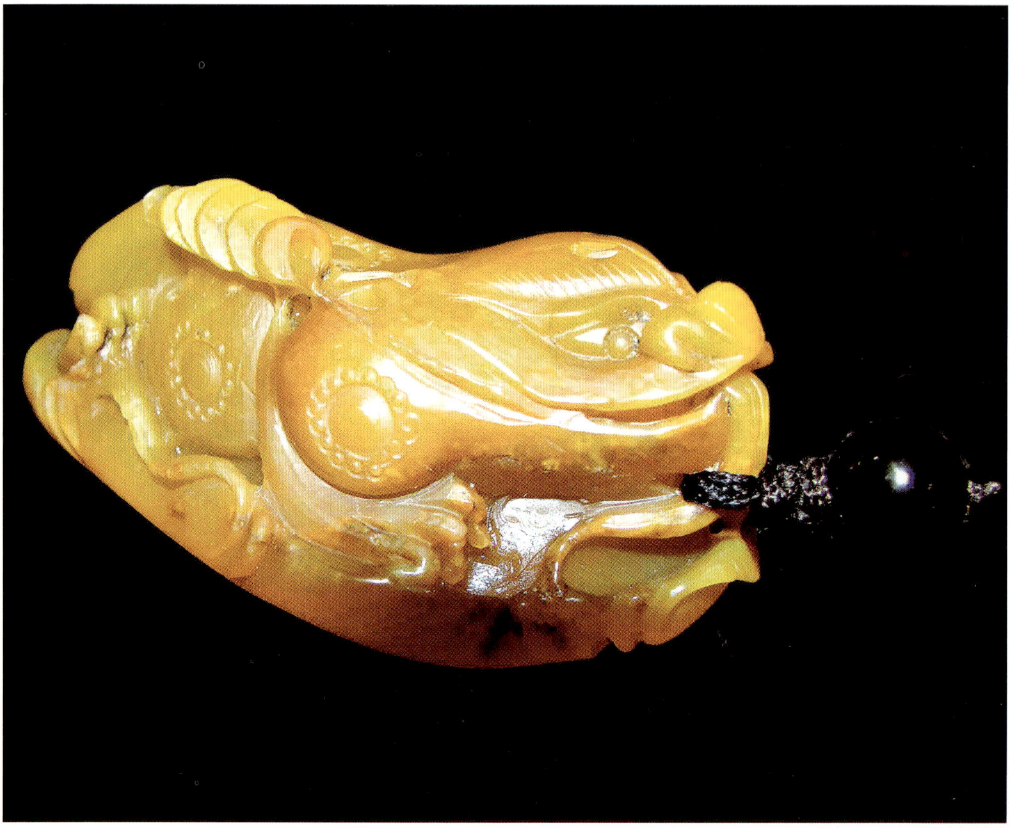

黄玉手把件

（6）糖玉

糖玉的颜色与红糖的颜色颇为相像，故得此名。糖玉一般呈血红色、红糖红色、紫红色、褐红色，其中最名贵的糖玉呈血红色。糖玉不是一个单独的玉种，常出现在白玉和青玉中，居从属地位。

（7）碧玉

碧玉是指呈绿色、鲜绿色、深绿色、墨绿色的软玉，也有少量暗绿色的，富有油质感，细看里面有条纹，多数碧玉里面带有黑点。

福字摆件 和田玉碧玉雕

童子戏鹅 和田玉籽料摆件

（8）花玉

花玉即多种颜色出现在同一块玉石上，且分布得当，构成具有一定美感的“花纹”，如“虎皮玉”“花斑玉”等。

3. 按产地分类

软玉产地丰富，不同地区出产的软玉质量相差很大。因此，市场上也有按产地将软玉进行分类的，如新疆和田玉、青海软玉、岫岩软玉、台湾软玉以及俄罗斯软玉等。

（1）新疆和田玉

塔里木盆地之南的昆仑山深处是新疆和田玉的主要产地。新疆和田玉历史悠久，在我国有 3000 多年的历史，颜色丰富，品种齐全，山料、籽料、山流水和戈壁料均有，且质量极好，温润细腻，名扬四海，在软玉中占有极其重要的地位。此外，和田玉起到了将新疆和中原地区联系起来的纽带作用。“丝绸之路”的前身应该是“玉石之路”，因为最早在“丝绸之路”上奔波的驼队，驮的是和田玉，而不是丝绸。新疆和田玉的主要品种是白玉、青白玉、青玉和墨玉。中国人赞赏和田玉光泽不浮、不轻狂，品格深沉而凝重，对其极其推崇。

花鸟壶摆件 和田玉碧玉雕

龙手把件 青海玉雕

（2）青海软玉

青海软玉于 20 世纪 90 年代初被发现，其矿床位于青海格尔木昆仑山三岔口附近。青海软玉颜色非常丰富，有白、青、绿、黄、紫等色，普遍带有灰色调，颜色不纯正。青海软玉的透明度普遍高于新疆和田玉，但是其光泽比不上新疆和田玉。正是由于玉质较透，光泽较差，使得青海软玉显得有些轻飘，少了新疆和田玉特有的温润凝重感。

（3）岫岩软玉

岫岩县细玉沟沟头的山顶上分布着岫岩软玉。岫岩软玉有丰富的色彩，除了白色、黄白色、绿色和黑色等基本色调外，还有大量介于上述色调之间的过渡色。岫岩软玉的质地有些粗糙，其细嫩程度和润泽程度比新疆和田玉差多了。岫岩软玉中最引人注目的就是河磨玉雕件，河磨玉外包石皮，里面有绿色、黄色和纯白等色，外壳与本色精心搭配，巧妙雕琢，加工出的作品精妙绝伦，受到了广大消费者的热烈追捧。

吹笙侍女　岫玉雕摆件

歌舞升平牌 和田玉籽料

（4）台湾软玉

台湾省花莲县丰田地区的软玉成矿带内分布着台湾软玉，透闪石（含铁阳起石成分）为其主要矿物成分，辅以少量的蛇纹石、钙铝榴石、铬尖晶石、黄铜矿等杂质矿物。台湾软玉的颜色主要为黄绿色，纤维变晶交织结构，块状构造。可将其细分为普通软玉、猫眼玉和蜡光玉三种，最常见的是普通软玉，猫眼玉和蜡光玉数量稀少，其中猫眼玉又可分为蜜黄色、淡绿色、黑色和黑绿色等品种，猫眼玉在市场上是最受消费者青睐的台湾软玉。

（5）俄罗斯软玉

俄罗斯软玉产于贝加尔湖地区。俄罗斯软玉缤纷绚丽，白、黄、褐、红、青、青白等各色皆有，而且经常见到多种颜色分布在同一块软玉之上的情况。观察其断面可以发现，其颜色呈明显的带状分布，从中心到边缘，颜色依次为白色、青白色、青色、黄色、棕黄色、褐色；矿物颗粒从中心到边缘逐渐变粗。俄罗斯软玉中棕色、褐色的较多，与新疆的糖玉颇为相似，这是因受构造运动的影响，铁氧化物沿裂隙浸染所致。研究表明，透闪石是俄罗斯玉的主要组成部分，次要矿物为白云石、石英、磷灰石、绿帘石、滑石、磁铁矿等，它的矿物成分与新疆和田玉颇为相似。

软玉的品评

软玉应用很广，常被雕刻成各种制品，如摆件、手把件、挂牌或手镯等。由于软玉产地不同，其质量有很大差别，因此鉴别、品评软玉是一项很重要的内容。

质地：组成软玉的矿物颗粒较细，因此软玉质地细密、温润嫩滑、光泽柔和，这是其他玉石难以与之相比的。另外，鉴定质地时还要注意其硬度。和田玉的摩氏硬度在6.5~6.9，用玻璃在其表面刻划不会留下痕迹。硬度大的软玉制成器饰，抛光性好，也不易被损坏。

颜色：软玉的颜色丰富绚丽，纯正均匀，最常见的颜色为白色和青色。软玉尤其是和田玉的白色较为特别，是带有油脂光泽的纯正白色，其中白如羊脂的羊脂玉是玉之珍品，价值不菲。

战国 玉璜

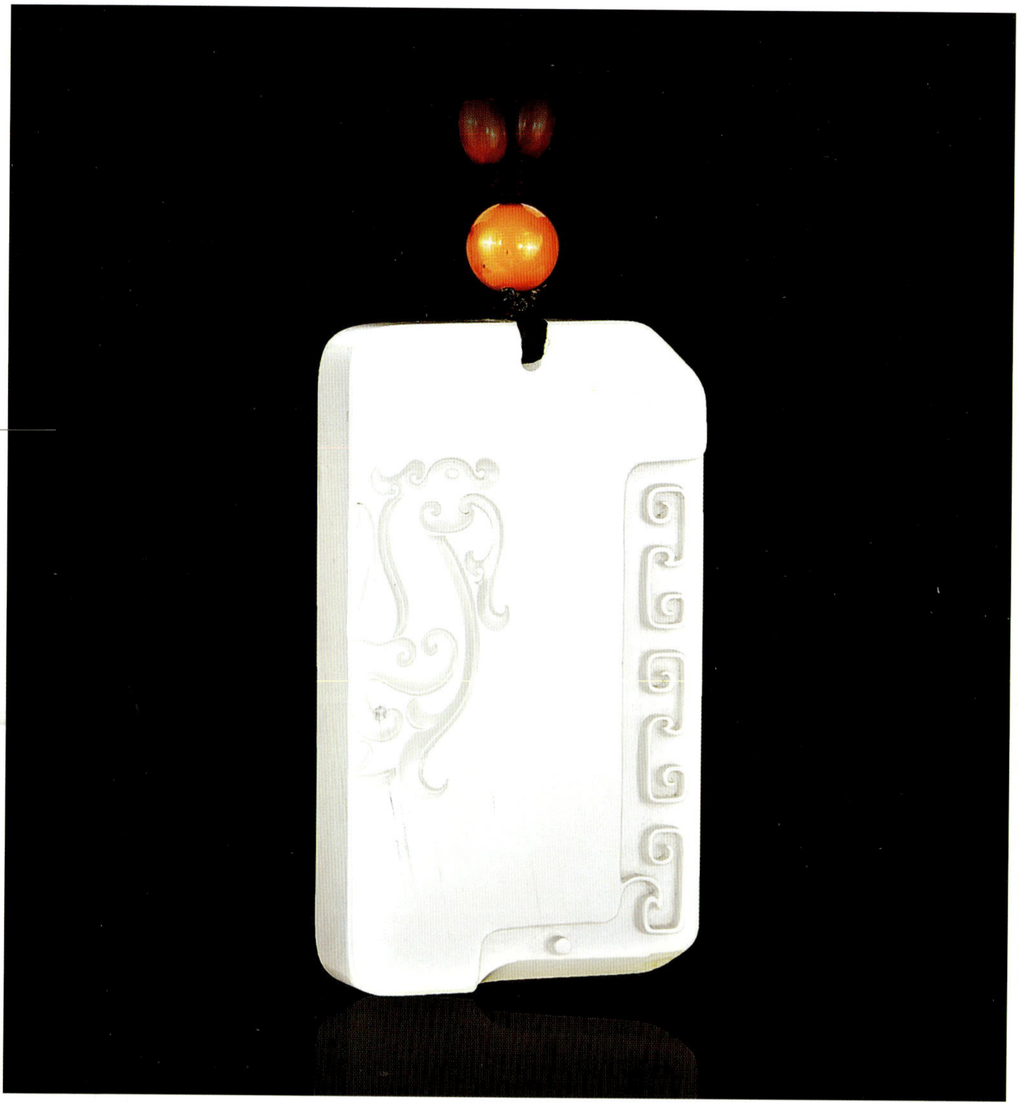

龙凤呈祥牌 和田玉

光泽：软玉大多为柔和的油脂光泽，这种光泽令人感觉舒适。特别是声名远播的和田玉羊脂玉，它的光泽就像羊的脂肪一样，给人以滋润的感觉。一般品评软玉时，光泽油润者比光泽干涩者价值高。

块度：品评软玉时，也不能忽略块度这个重要标准。一块高等级的软玉，我们对其重量也有一定要求。一般块度越大，价值就越大。

唐 龙头玉发簪

杂质：软玉一般少瑕疵，质地较纯。铁质和石墨一般是其所含的杂质。铁质多于裂纹中发现，呈褐色或黑褐色，比较好分辨；石墨是黑色的，在墨玉中呈星点状、集合体状、云雾状或条带状分布。

产出环境：前面已经介绍过按照软玉的产出环境可将其分为山料、籽料和介于二者之间的山流水料。其中籽料的质量最好，一般呈卵石状，光滑细腻；山料是原生矿，棱角分明，不及籽料温润光滑。

冀州玉碗

◆ 翡翠

翡翠色彩艳丽、光泽诱人、整体通透、温润光洁。它被人们尊称为“玉石之王”。在东方国家，人们还把它与钻石、红宝石、祖母绿一起列为四大名宝，且翡翠位居首位。翡翠虽不是中国所产，但自从它传入中国以来，就受到了中国人的热烈欢迎，也可以说是我国著名的传统玉石之一。

观音摆件 翡翠雕

翡翠的名称起源

我国玉石众多，但唯独翡翠之名如此与众不同，富有诗情画意，翡翠的名称是如何得来的呢？最初“翡翠”是一种鸟的名字，汉语意为翡红翠绿。在中国古代，翡翠这种鸟生活在南方地区，它的羽毛绚丽鲜艳，特别讨人喜欢。这种鸟雄的长有红色羽毛，谓之“翡”；雌的羽毛为绿色，谓之“翠”。唐朝著名诗人陈子昂曾作《感遇》一诗，写道：“翡翠巢南海，雄雌珠树林。……旖旎光首饰，葳蕤烂锦衾。……”清朝时期，美丽的翡翠鸟羽毛进入宫廷之中，深得后妃们的喜爱。她们用翡翠鸟羽毛装扮自身，还用羽毛贴镶拼嵌做成首饰。而后，大量的缅甸玉被作为贡品进入皇宫，成为贵妃们钟爱的玉石。缅甸玉的颜色以绿色、红色为多，这与翡翠鸟的羽毛色很相近，因此人们就用“翡翠”来称呼这些来自缅甸的玉，时间长了，这一名称在中国民间也广为流传，从此，“翡翠”便正式成为玉的名称了。

观音 翡翠摆件

夏韵 多色翡翠摆件

翡翠的种水分类

1. 玻璃种

顾名思义，玻璃种翡翠即纯净得就像玻璃一样的翡翠，内含一点杂质都能暴露无遗，是翡翠中的极品。玻璃种透明度极高，具玻璃光泽，澄澈透明，纯净无瑕，结构细腻，在10倍镜下无矿物颗粒感，韧性好，硬度高，像玻璃一样均匀。玻璃种翡翠既有无色的，也有带颜色的，其与单晶体宝石类似，极少见石纹，即使出现杂质也是棉絮渣状的。用肉眼可以直接观察到玻璃种翡翠的荧光现象，业内人士称其为“起荧”。玻璃种是十分水的翡翠。

戒指 玻璃种翡翠

一夜成名 冰飘花翡翠把件

2. 冰种

冰种翡翠的透明度也很高，只是略逊于玻璃种翡翠，含有的杂质也比玻璃种稍多。业内用高冰种来称呼冰种翡翠中品相最佳、最通透的翡翠，意思是指冰种中的佼佼者，但又未能达到玻璃种的程度。在市场上经常出现高冰种，其实在专业上“高冰种”很难定义。

冰种翡翠给人冰一样的感觉，看上去很清凉，带有一种朦胧的、清凉的美感。虽然冰种翡翠的珍贵程度比玻璃种翡翠稍差，但天然的冰种翡翠也是很难得的。人们赞赏冰种翡翠饰品洗尽浮华，内敛沉静。冰种翡翠是中高档玉石，在市场上也是广受欢迎的。

3. 糯化种

糯化种的透明度比前面两种都要低，它的质地看起来就像浑浊的糯米汤，是半透明的，故得此名。

根据透明度的差异，糯化种又可细分为糯冰种和糯米种。糯冰种的透明度低于冰种，看起来就如同含有杂质的冰一样，也有学者认为其应属于冰种。相对于糯冰种来说，糯米种的透明度还要更低一些，这是由于糯米种内部含有的细小杂质比较多，因此看起来偏浑浊。

玻璃种、冰种与糯化种的界限不是很明显，下面我们介绍一个简单明了的方法，来区分三者。将厚度较薄的翡翠放在一份报纸上，透过翡翠来辨认报纸上的字，玻璃种是能够清楚地分辨出字的；只能看清轮廓但认不出是什么字的是冰种；只能看到有字，但看不出字的轮廓的是糯化种。

双龙戏环鼻烟壶 糯化种

鸳鸯摆件 冰种翡翠

晚清 凤耳雕双龙戏珠纹赏瓶 油青种翡翠

玻璃种、冰种和糯化种翡翠的相同点是水头都比较足，因此在雕刻时一般采用最简单的浅浮雕技法，尽量少作雕琢，简化图案，多留光面，这样才能更好地显示其充足的水头。

4. 油青种

油青种是翡翠中的大路货，通常不过分要求其质地，主要看它的颜色。油青种的颜色常带有灰色调，主要有油青色、蛋青色、蓝青色等，有时会有带黄色调的绿色，其青色深浅不一。油青种翡翠的颜色发暗，显得沉闷，不鲜艳。油青种翡翠的光泽显得很油亮，质地细腻，硬玉结晶呈微细柱状纤维集合体，敲击玉体，声音比较清脆，整体比较通透。油青种可分为两类，即一种是带暗蓝色调的，一种是带蓝绿色调的，两种水头都比较好。

5. 芙蓉种

芙蓉种翡翠的颜色一般是淡绿色的，绿色很纯正，不带其他色调，通体颜色均匀，看起来清澈而柔和。芙蓉种的质地比较细，结构略有颗粒感，却又不能明显观察到，呈透明至半透明。芙蓉种虽不是顶级的翡翠，但也能和冰种相媲美，颜色虽淡却清澈，价位也比较适中，能被大多数人接受，因此还是很有市场的。其有一种叫“芙蓉起青根”，说的是玉料中可见深绿色的脉络；还有一种叫“花青芙蓉种”，说的是有较深的绿色不规则分布的芙蓉种。

颜色较浅的芙蓉种特别适合制成手镯，成品绺裂和杂质较少，颜色清爽，质地细腻，通透澄澈，虽然没有哪一项指标达到了顶级，但组合在一起却达到了很好的效果，非常适合中、青年女士佩戴。当然，芙蓉种翡翠也常用来雕刻成佩饰、坠饰等，其雕刻也要简化雕工，多保留大光面，这样才能充分体现其种水与颜色和谐搭配的美观效果。芙蓉种翡翠属中高档翡翠。

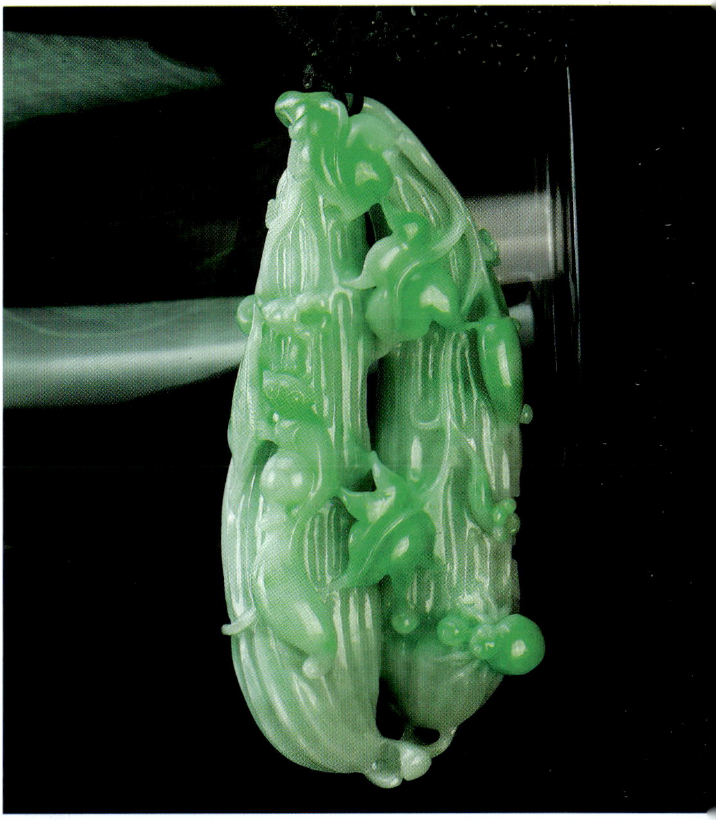

飞黄腾达 芙蓉种飘阳绿翡翠玩件

手镯 白芙蓉种带正翠

6. 紫罗兰种

紫罗兰种指的是一种紫色翡翠，因其紫色像紫罗兰花的颜色而得名，珠宝界也称紫罗兰色为椿色或春色。紫色的翡翠颜色一般较浅，其可分为三种色调，即紫色中微带粉色的粉紫，如茄子般颜色的茄紫，紫色中带蓝的蓝紫。紫罗兰种为粒状结构，质地偏粗，细粒者少见。粉紫的质地是最细的，较为通透，茄紫次之，蓝紫再次之。紫罗兰种的翡翠质地不是很好，少有能做戒面的，用于大型雕件及小挂件的情况较多。其中紫色浓艳、质地温润、整体通透的紫罗兰种价格比较高。紫罗兰翡翠分高、中、低不同的档次，若要评估其价值，还必须结合质地、透明度、雕琢水平等质量指标进行综合评价。

硕果累累 紫罗兰翡翠摆件

7. 白地青种

顾名思义，白地青种翡翠的底为白色，上面飘浮着如云雾般的绿色，成团、成块、成片或成岛屿状的绿色，并没有和底融合在一起，仅仅是飘浮在白色的底上。白地青种质地细腻但不温润，晶体轮廓通过肉眼能够辨认；透明度较低，部分微透明。

玉雕师们常利用白地青种翡翠上面的各种形状的绿色进行创作，制成各种带有吉祥美好寓意的小型摆件，将俏色充分发挥。白地青种质地不是很好，颜色也缺乏厚重的立体感，因此不适合用来精雕细刻。其价格不会太高，家庭摆放或办公室陈列用得较多，收藏价值不是很大。

8. 豆种

豆种透明度很低，透度只入表面二分，质地粗糙，水头不足，是一分水的翡翠。凭肉眼就能分辨柱状晶体，杂质较多。豆种在强光下照射一段时间易起小白花，叩击玉体可发出石声。颜色主要为豆绿色或豆青色，在市面上很常见，常被加工成佩饰、雕件等，属低、中档翡翠。

观音挂件 白地青种翡翠

冰豆种红翡三彩镂空巧雕把玩件

手镯 花青种翡翠

和谐如意挂件 花青种翡翠

9. 花青种

花青种翡翠底色为绿色或无色，上面分布着绿色深浅不一、极不规则的图案，有丝、脉、团块状及不规则状。花青种翡翠最大的特点是，底上的绿色分布极不规则。花青种不透明至微透明，质地较粗糙，凭肉眼可轻松辨认柱状、粒状的矿物晶粒的形状，敲击翠体可听到很沉闷的声音。

这种翡翠的颜色可深可浅，图案时密时疏，分布特别没有规律，所以花青种的数量非常大。花青种还可以进一步细分为以下品种：豆花青种，底为豆色，结构粗糙；普通花青种，绿色不规则或飘花；马牙花青种，马牙种为底；油底花青种，油青种为底，飘有绿色。花青种的翡翠由于质地不好，透明度也很低，因此不适合做手镯，针对其颜色分布，常将其加工成佩饰、坠饰和雕件。花青种翡翠属于中档翡翠，价值不高。

翡翠的品评

翡翠作为一种常见的玉器深受我国收藏爱好者的喜爱，拥有一件品相优良的翡翠饰品，可以彰显佩戴者华贵的气质；收藏一件质量上乘的翡翠不但能使投资升值，还能陶冶情操。那么，我们如何来品评翡翠的优劣呢？

1. 品评颜色

品评翡翠的质量，关键要品评其颜色。我们应从以下三方面来观察翡翠的颜色。

（1）纯正：按照传统习惯及市场需求，质量上乘的翡翠（绿色品种）应具有纯正的绿色，也可以是微带黄色色调的绿色，我们一般视灰色、褐色、棕色、黑色、蓝色等色调为杂色，这些杂色调越明显，翡翠的价值就越低。

百宝桶 紫罗兰翡翠摆件

（2）浓艳：高档翡翠应该具有浓艳的颜色，这要求其颜色饱和度和明亮程度要合理搭配，若绿色太淡，虽看起来明亮但不艳丽，绿色太浓，又会使翡翠不够通透，看起来很沉重。

（3）均匀、协调：天然翡翠的颜色多呈丝状、片状分布，很少见到完全均匀的。通常情况下，如果某块翡翠工艺品的颜色为满绿，那就是难得的上品了。而且，翡翠的绿色多集中在丝状、片状的集合体中，绿色周围常为浅色、无色或其他颜色，当翡翠中的绿色与其周围的基调颜色能恰到好处地相互映衬时，这样的翡翠也属于颜色质量特别好的。

2. 品评结构

高档翡翠的结构大多是极细的粒状或柱粒状结构，具有这种结构的翡翠结构致密、细腻、光润；反之，则质地粗糙，结构松散，质量较差。

白菜 翡翠雕摆件

白菜 紫带绿翡翠雕

3. 品评透明度

翡翠是多晶质矿物集合体，大多不具有很高的透明度，传统玉器行业将透明度称为"水""水头"。大部分翡翠都是不透明至半透明的，这是由翡翠的矿物粒度大小、结合方式、裂纹等多方面的因素造成的。当一块翡翠制品颜色质量好且有一定的透明度时，该翡翠的价值就比较大。

4. 品评净度

翡翠内部包含的其他矿物包裹体和裂纹的多少就是净度。天然翡翠中会有白色、黑色团块状矿物或矿物集合体，它们多少会影响翡翠的美观度，而且也会对抛光质量产生较大影响，因为这些包裹体的硬度与翡翠有差异。

龙纹香炉 翡翠雕

凤凰 紫翠摆件

5. 品评切工

翡翠的切工主要应用到首饰（戒面、耳钉等）、挂件、摆件等几种类型的成品上，对于戒面、耳钉等的切工，要求切工规整、抛光优良、突出颜色；对于挂件、摆件来说，工匠们的奇思妙想和精湛的技艺将对成品的质量起决定性的作用。

6. 品评重量

重量对翡翠制品的价值影响不是决定性的，但是在颜色、质地、透明度等方面都相同或相近的情况下，尺寸大的也就是重量大的制品更具有价值。

如何养护翡翠饰品

在进行劳动、沐浴或强度大的运动时，最好取下翡翠饰品妥善保管。翡翠虽然韧度高于钻石，但其脆性很强，不禁摔打。而且翡翠是多矿物集合体，有的矿物元素遇酸、碱可能会受腐蚀。

翡翠忌讳油烟、油腻，特别是高档天然翡翠，千万不能戴着进厨房。因为油烟堵塞翡翠毛孔，不利于翡翠与外部的物质交换，同时还会渗入翡翠玉质内，形成黑点或杂质。

翡翠怕高温，不能放在阳光下暴晒。因为温度太高会把翡翠外表的蜡膜晒化蒸发，使其失去滋润保护层。而且在高温下，翡翠内部的致色离子遇热活跃游离，导致翡翠褪色，失去光泽。

翡翠也很忌讳灰尘。有些灰尘的硬度很高，易使翡翠抛光面磨损，使其表面变花起毛，失去原有的润亮。因此在佩戴一段时间之后，可以考虑将翡翠饰品重新抛光，以使其亮丽如新。

另外，对于镶嵌类翡翠饰品，要注意定期检查其牢固度，严防脱落。

翡翠珠配钻石耳环

翡翠吊坠

玉雕的加工工艺

我国的玉雕始于石器时代的劳动工具，其后漫长的岁月中，我国的玉雕得到了不断发展，玉雕品种不断增加，现如今，玉雕种类包括古代造型、器皿、人物、兽类、雀鸟、花卉、配饰等。玉雕产品的显著特征是质地坚硬细密、色彩浓艳绚丽、晶莹剔透、光泽柔和等。玉石雕刻工艺技术经过各个时代的不断发展、进步，到现在主要分为玉料的选择、造型的设计、玉件的雕琢、玉雕的抛光、成器的装潢五个工艺程序。

汉 玉辟邪

◆ 玉料的选择

玉石雕刻工艺的第一个步骤就是选料。雕琢师必须具备分辨玉石优劣的能力，而分辨玉石优劣，就必须了解玉石的特性。我们一般从以下四方面来鉴别玉石。

质地

我国的常见玉石有 30 多个种类，其质地有的坚硬，有的疏松。我们通常用摩氏硬度来衡量玉料的软硬。摩氏硬度计量其实是选用了 10 种原物矿石代表硬度的级别。比如硬度级别最低的滑石为 1，而金刚石最坚硬，为 10；一般质地较软的玉石硬度为 4~6，硬度较大的玉石硬度为 5~7。

另外，选料时就需要去绺挖脏。天然的玉石一般都有裂纹，用行话说就叫“绺”。绺对玉石成品的美观有较大影响。为此我们就需要去绺或遮绺。一块颜色纯正的玉石中常会夹杂着不协调的色调，我们把这个称为“脏”，为了对玉石很好地加工，在选料时就要处理掉脏色，行话称其为“挖脏”。

凤凰牡丹 岫玉雕摆件

双龙首玉璜 镂雕

独山玉壶摆件

颜色

玉石的颜色特征各不相同，像白玉、黄玉、墨玉等，其色泽纯净温润；岫岩花玉则色彩缤纷绚丽。大自然赋予玉石的斑斓色彩，深深地吸引了世人的目光，玉石成为当之无愧的人间瑰宝。

在识别玉料颜色的过程中，要构思得当，考虑去留，既要兼顾各种颜色，又要注意使旺色处在显眼的部位。如白玉最大的特征是温润滑腻，就不宜雕琢得很薄；对于色彩斑斓的玉料，制作成山水花鸟的大型玉雕摆件就是不错的选择；颜色纯正，透明度高的玉料适宜制作成玲珑剔透的作品。

透明度

玉石如果整体较为通透，对其本身的质地和颜色都有很好的烘托效果，玉石内部的颜色也能够透出来。因此透明度对玉石的价值也有极大影响。

透明度一般被分为透明、半透明、微透明、非透明四种。我们需要将玉石进行局部抛光才能更好地鉴定玉石的透明度。

五子嬉戏图插屏 和田玉籽料雕

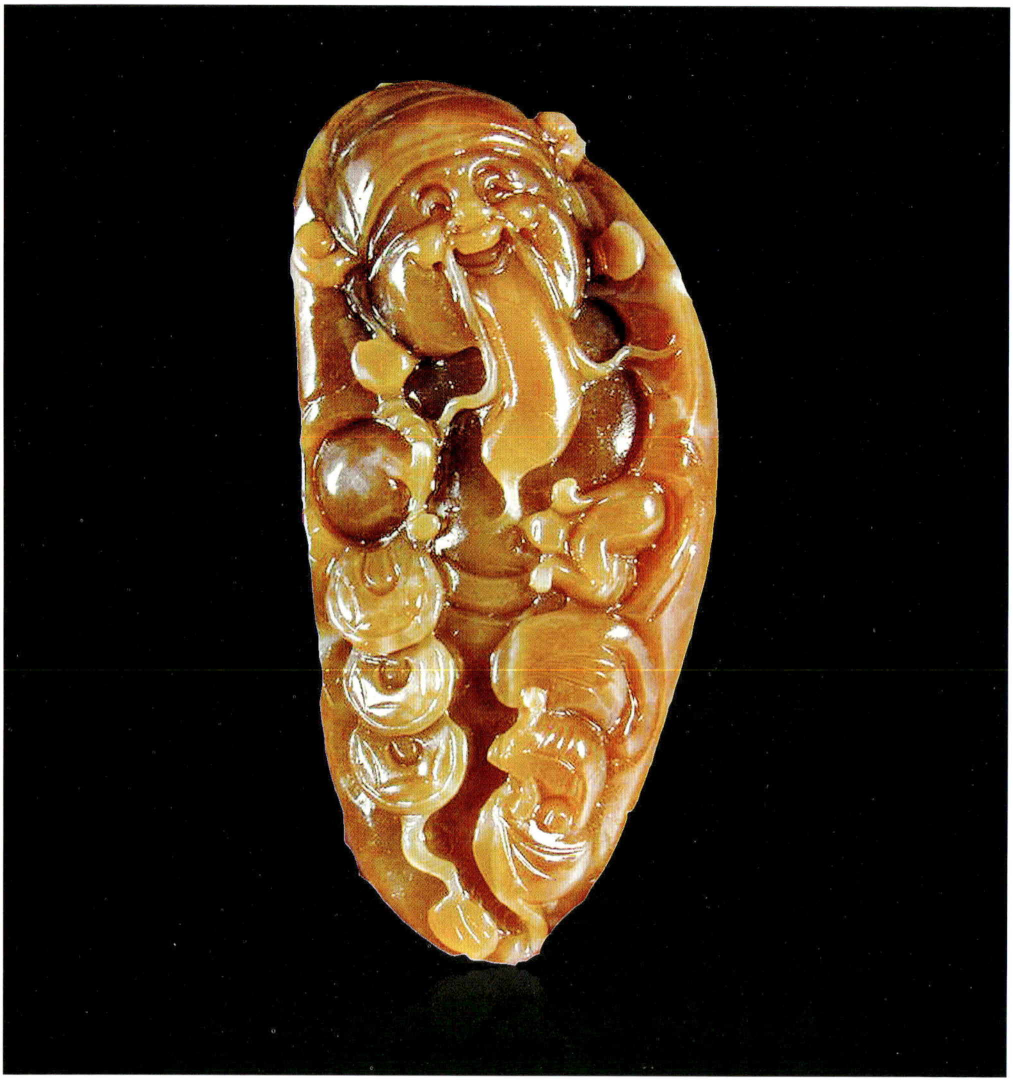

手把件 和田玉糖玉

光泽

光泽是指玉石平整表面（或平滑断面）对光的反射能力。玉石的光泽有玻璃光泽、金属光泽、油脂光泽、珍珠光泽、蜡状光泽等。光泽能够反映出玉石的质地、颜色、透明度状况，富有光泽的玉石比光泽暗淡的玉石要更加美观。一般来说，质地坚硬的玉石比质地松软的玉石光泽要好。

若想更好地鉴别玉料的质量，不能仅凭直接观察，还要打出断口，切磨部分侧面，这样更有利于对其质地、纹理、透明度、光泽、颜色等进行观察。

◆ 造型的设计

玉雕造型设计必须充分考虑玉料质地、形状、颜色的特征，巧妙地将其各种特性有机地融合起来。任何作品都应该遵循因材施艺的原则。

量形取材

玉料的形体大小不一，形态各异，有开采的自然形体，有被磨蚀而成的卵石形状，有经过挖脏去绺形成的方形、长形、三角形等形体。玉料可塑性小，因此玉雕只能在玉料所提供的形体条件的基础上进行构思设计。首先，我们应根据玉料原有的高度来设计造型。虽然雕刻时肯定还要再去掉一些料，但是应尽量遵循减少重量、不减少体积的原则。其次，作品的题材也应根据玉料的形状来构思、酝酿，一块玉料到底设计成何种题材要反复推敲，构思成熟再下手。最后，运用玉料时，既要充分地合理运用玉料，还要兼顾作品的艺术效果，不能只一味追求占有材料。正确的做法是在充分尊重原材料形体的前提下，进行设计，然后再根据构思出的造型给玉料“破形”，这样才能达到最令人满意的艺术效果。

南瓜壶　青玉摆件

民国 双龙挂瓶 玉雕

玉色运用

玉料不仅种类繁多，颜色也特别丰富。每种玉料都有基本的颜色，另外还会夹杂其他颜色。在设计造型时务必要兼顾不同颜色进行创作。

对于单色玉料，我们要根据每种颜色的特征来进行创作。例如，纯净无瑕的和田白玉可以雕刻成观音，墨玉可以用来创作侠义关公，绿色的岫岩玉可以用来创作山水花鸟摆件，这样才能充分展现出作品各自的神韵。

俏色是玉器行业内通用的一种专业术语，是指巧妙利用玉石本来颜色的一种技巧。除了单色玉料外，还有很多带有多种颜色的玉石，这就需要玉雕师对此进行巧妙构思，充分运用俏色，选择与玉料颜色相符的题材和造型。在运用俏色上有三种境界分别是一绝、二巧、三不花。

玉佩 和田白玉

出入平安 和田玉雕

绝，是玉雕师运用巧色技术的最高境界。玉雕师能够令一块玉料绝处逢生，化腐朽为神奇，令观赏者拍案叫绝，这就是达到了“绝”的境界。巧，是玉雕艺人能返瑕为瑜，独具匠心地利用玉料的颜色。不花，是指玉料颜色虽多，但作者能将其安排得合理协调、恰到好处，丝毫不会有杂乱之感。

划活

划活是根据构思的造型，用墨笔在玉料上勾画出所要琢磨的艺术形象。划活是玉器加工过程中很关键的一步。划活要伴随雕琢作品始终。

◆ 玉料的雕琢

设计完成后，玉雕艺人利用各种工具和雕琢技巧将玉料雕琢成之前构思的造型，在玉雕的整个加工过程中，这一步至关重要。雕琢玉料时，作品必须真切、全面体现，甚至创造性地发挥创作设计意图，一绺青丝、一条衣纹都要细致地去雕琢。

仕女 和田玉摆件

业内流传着这样一句话："手巧不如家什妙。"在玉器雕琢中，如何巧妙地使用工具是非常重要的。同样一块玉料，因为艺人们掌握工具熟练程度的不同，雕琢出成品的差别就很大。因此，必须熟练地使用各种工具。归根结底，这一步需要做的就是琢和磨。首先需要切开玉料，这就是琢玉，使用圆盘锯、錾铊等，将造型中多余的玉料去除。琢玉的主要手法有铡、标、扣、划等。

在对玉料进行了雕琢之后，作品有了基本轮廓，此时切割的方法就不再适用，就需要磨玉了。研磨是使用冲铊和磨铊等工具将造型中的余料磨掉。主要手法有冲和轧，冲是指大面积地磨削；轧是指深度磨削，即轧出较细部分的立体感，如给人物头部开脸，轧出嘴、鼻、耳等。玉料经过铡、标、扣、划和冲以后，基本造型形成了，为使一些细小部位更清晰，还需要使用钻、撤、掖和顶撞等手法进行操作。

汉 出廓璧 和田玉　　封侯挂印 和田玉籽料

清乾隆 仿古爵杯（一对） 青玉

打钻就是钻眼。勾撤就是用勾锭勾出细微花纹，顺勾线去除小余料。掖撞就是用钉铊顶平地面，其实就是把勾后的底部清理干净，使作品整洁、利落。勾撤和掖撞既有助于出造型，又促使边线更加利落。在研磨过程中，依造型和制作时不同部位的需求，选用合适的勾铊、轧铊和钉铊。研磨完成后，为了使玉面光滑，还要再用各种工具细磨一遍，用到的工具主要有磨铊、轧铊、杠棒等。

另外，因为玉雕艺人面对的玉器造型各不相同，每件作品都有不同的特色，所以在运用工具时要特别灵活，要随着雕琢进入到不同阶段而随时更换。一位经验丰富的雕琢师，在雕琢之前，首先要构思成熟，胸有成竹，然后才能做到对不同型号的工具准确地运用。比如为了避免费工费时，加工时，能用大型工具的地方就不用小型工具，能用铡铊时就不用錾铊处理。此外，雕琢玉器时还要用到磨料、水和刷子等。

◆ 玉雕的抛光

把雕磨成型的玉器表面磨细至镜面状态叫作抛光，光照射其表面，反射的光线越多，玉器表面越光亮。抛光是玉石雕刻的最后一道工序。

去粗磨细

将玉器表面磨细的过程又叫“去粗”，即去除糙面，令玉器表面变得细腻。去粗只能改变作品表面不平整、粗糙的状况，不能改变作品的造型和纹饰，尤其是纹饰的细致部位，不能因为去粗而使其变得不清晰。磨细采用的工具包括人工自行制成的胶铊等。

凤出岐山纹花插 黄玉雕

打磨罩亮

去粗这一步骤完成以后，作品表面变得细腻光滑。为使其表面形成光反射，还要继续打磨。打磨完成以后，要进行罩亮。罩亮就是在旋转的抛光工具上涂抹抛光粉，然后用力摩擦作品表面，这样作品的表面会更加平整，产生镜面反射，形成非常好的效果。这里要特别注意一点，抛光粉的硬度比作品材质的硬度大。

凤穿牡丹把件 和田玉籽料

饕餮纹四足方炉 和田黄玉雕

清洗打蜡

产品抛光后，要将产品上的污垢彻底清洗掉，根据作品质地和造型的不同选用水洗、酸洗、碱洗、冷洗、热洗等去污的方法。

清洗干净后，就要进行打蜡。首先将产品蒸烤加热至 80℃以上，用蜡块涂抹作品表面，固体的蜡遇热就会融化在产品表面上，然后趁热用柔软棉布将多余的蜡擦干净，使蜡脂均匀，玉制品就会变得更加温润、明亮。

◆ 成器的装潢

作品完全完成之后，最后的步骤是玉雕的装潢，玲珑的玉雕再配上得体的底座或匣，作品才更加完美，它们也能很好地保护玉雕。

美化玉雕

玉雕底座的材质可以是木质，也可以是石质。一般大型玉雕作品采用石座的情况较多，小型玉雕常选用木座，按装饰纹样不同可配云座、素座、嵌银丝座和根雕座等。配座不能喧宾夺主，要起到很好的衬托作用，要与玉雕作品搭配和谐。

清 山水人物故事插屏 和田碧玉雕

松竹梅 玉雕屏风

保护玉雕

匣是玉件的外包装，匣的材质有纸质、锦质、木质等种类。不论匣的材质是什么，匣内应有柔软的隔层。软囊可用棉花、海绵或泡沫当填充材料，外裹绸布。绸布的颜色最好能够烘托出玉制品的色彩，隔层的作用是为了分隔底座和玉雕，以免两者在匣内相互磕碰。

玉雕作品的座与匣既能避免作品被磕碰，也能很好地衬托玉雕，玉雕作品与座、匣相辅相成、相映生辉。

玉雕的纹饰特点

玉器上雕琢的图案花纹种类繁多，起到装饰的作用，或者代表某种意义，这些图案花纹被统称为纹饰。鉴定和评价玉器的一个重要内容就是观察纹饰的雕刻技法、构思、表现主题等。我国古代玉器纹饰众多，设计和谐，雕琢精美，为玉雕作品增色不少。大体上，分为如下几大类。

合獾铜鎏金带首　玉雕

白玉璜

◆ 几何纹饰

云纹

云纹是玉坠、玉璜等平面器物的常用纹饰，由云头和云尾组成，线条柔和婉转，常成组出现。云纹的发展经历了几千年的演变，每个朝代的云纹都有不同的特点。春秋、战国时期的云纹多较为抽象；汉朝的云纹运用很广，出现了云气纹、卷云纹等；魏晋以后云纹变得更加写实；唐朝以后如意形云纹较为普遍。云纹在原有的基础上变得越来越复杂，越来越精美。

玉雕云纹璧

蒲纹

蒲纹是由数条平行直线交叉形成的一定格形花纹，与编织的蒲席颇为相像，故得此名。蒲纹雕刻刀法较深，又有一定的坡度，因此单个纹形会呈现出浅浮雕般的六边形。在汉朝，玉璧上常见蒲纹。其简洁利落，古朴大方，深受历代玉雕艺人喜爱。

乳钉纹

战国时期和汉朝非常流行乳钉纹，它是一种比平面器物高凸的圆乳钉状纹饰。战国时期玉器上的乳钉纹的特点是大小相等、光滑圆润，由几十至上百个组合并均匀整齐地斜向排列；从汉朝开始，在平面上雕琢交叉平行的斜直线组成菱形格，然后每格内雕琢一个凸起的半圆形乳钉，这就是斜格乳钉纹，这样完善后整体显得整齐大方，更加美观。

谷纹

由圆乳状颗粒加弯曲的短线组成，之所以叫谷纹，是因为圆乳粒与谷粒相似，弯曲的短线与谷芽相似。各个时代的玉璧上都常见谷纹，其装饰效果非常好。

汉 舞人虎凤乳钉纹璧（背面） 和田白玉

战国 谷纹出廓龙璧

连珠纹

就是多个定向排列的小圆圈组合，常在带板、带扣等器物的边缘处出现。

双圈纹

即两个或两个以上大小不等的圆圈套在一起的纹饰。在西汉时期比较流行，常在质地粗糙、做工简陋的玉器器面上出现。

绳纹

绳纹又名弦纹，纹形似缠绕的绳索状。在汉朝以后的玉器中绳纹开始流行，多作为主体纹饰的辅助纹饰或界栏出现。明清时期，也出现了一些绞绳状的玉镯，很是新颖。

绞绳状手镯 白玉

环带纹

环带纹是一种变形兽体纹，宽阔的环带犹如兽类上下起伏的身躯，也类似于连绵起伏的波浪。西周至春秋时期环带纹很受欢迎，常在玉器的腹部和颈部起装饰作用。

涡纹

涡纹由中心的圆圈和沿圆圈边缘向内旋转的多条弧线组成，似被激起的水涡形状，故得此名。夏朝至战国时期，玉器上常出现涡纹。夏朝涡纹非常简单，旁边的弧线还没有出现，多装饰在斝的腹部；西周中期后，涡纹外圈常以雷纹装饰；春秋战国时期出现了弧线双勾的涡纹。涡纹并不只是单独使用，商末周初时期涡纹常与龙纹、雷纹等搭配出现。

涡纹形玉佩

战国 云雷纹玉璧

重环纹

重环纹的样式是在细长的环形带内排列着数个至数十个椭圆形环，通常环绕器身来装饰。重环纹的环有一重、二重、三重等不同形式，环的两端分别为凸起的半圆形和凹入的半圆形。在西周中晚期的玉雕器物上常出现这种纹饰。

雷纹

又名回纹，由方折角的回旋线组成。雷纹并不多见，只有少数情况下出现在一些神奇的动物和礼仪玉器中，宋朝以后常用它来装饰边框。

◆ 动物纹饰

兽面纹

也称饕餮纹，是新石器时代晚期至战国时期的玉制器物上的常见纹饰。兽面纹融合了自然界多种猛兽的特征，同时加入了古人的想象。良渚文化玉器中的兽面纹中，兽的眼睛是小圆圈，外框的椭圆形凸面是眼睑，细致的卷云纹或弧线、短直线出现在眼睑、鼻、嘴中。商周时期的兽面纹是对称的，大多以鼻梁为中心线，张开血盆大口，有的还雕出獠牙，看起来非常凶猛残暴。战国时期的兽面纹常用来装饰玉剑饰和玉璧，这时的兽面纹雕刻得更加细致，工艺精湛。明清时期，偶见兽面纹出现在仿古玉器上，但工艺粗陋，远比不上真品的神韵。

清乾隆 兽面纹出戟四方炉连座 黄玉雕

龙纹璧 玉雕

龙纹

龙纹即为龙的形状的纹饰。不同时代的龙纹各具特色，新石器时代红山文化遗址中出土了玉猪龙；商朝中期的龙纹特点是头部较大，一般都是巨口大张，獠牙外露，眼睛多为“臣”字眼；龙纹在汉朝应用很广，有多种样式；到了清朝，龙纹精雕细刻，龙爪前伸，但不像早期龙纹那般凶猛。

蟠虺纹

蟠虺是传说中的一种小蛇。蟠虺纹就是用各种形态的蟠虺相互缠绕构成连续的几何图案的纹饰。在春秋战国时期，它经常出现，常布满器物全身。

螭纹

螭是古代传说中一种没有角的龙，又名蟠螭或螭虎，多呈盘曲蜿蜒或攀援状。螭纹是一种典型的传统装饰纹样，为蜿蜒蛇形、龙形或四足走兽形的样式，与龙纹比较接近。战国时期的玉器上最早出现了螭纹，在汉朝得到了较大发展，之后一直沿用到清朝。

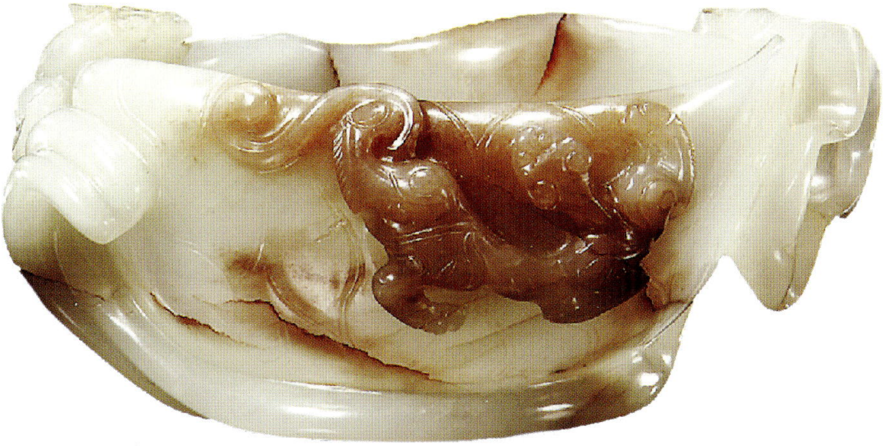

双螭纹荷叶杯 玉雕

夔纹

夔也是神话传说中的一种猛兽，形似龙。玉器上夔的形象为一角一足，躯体细长，为爬行的样子，嘴巴大张，尾巴上卷。商朝中期至西周前期夔纹很受欢迎，常首尾相接缠绕一周，用来装饰器物的颈部；器物肩部或腹部也会用到夔纹，变成三角形，或在器腹中部对称组成兽面纹。

清乾隆 黄玉夔纹佩

凤鸟纹

凤鸟纹为凤鸟的形状。它自新石器时代诞生以来，一直到今天还在应用。不同时代的凤鸟纹样式差异较大。新石器时代出土的玉器上的凤鸟纹非常简单，雕琢粗糙，仅是用阴线刻出轮廓；汉朝的凤鸟纹制作工艺较高，观赏性强，头顶为三叉花形冠，长颈弯曲，腹部挺起，喙连于翅边，长尾卷曲向下，凤鸟的五官和羽翅都是用细小的阴线雕刻的，非常精致；明清时期的凤鸟纹形象与孔雀相似，头顶为如意形花冠，眼睛类似我们常说的丹凤眼，颈部、双翅及形如孔雀的细长尾部都是精雕细刻、形象生动。

清 凤纹爵杯 玉雕

鱼纹玉璧

鱼纹

鱼纹就是鱼形纹饰，始于新石器时代，并一直到明清时期都很受欢迎。红山文化和良渚文化遗址中都有造型简单的玉鱼。到了商朝，鱼纹应用增多，雕刻也变得精细起来，眼睛又大又圆，鱼背和腹部开始出现鱼鳍，鱼身都雕刻了长圆形的鱼鳞。唐朝鱼鳞变为半圆形。宋金时期的玉鱼是头尾上翘、胸部下垂的弯曲形态，采用密集阴刻的斜方格线雕刻鱼鳞，有时也不刻鱼鳞。元朝时期，鱼唇宽阔，口微张，带有半圆形眼眶，鱼形肥胖挺直，鱼鳞为斜格状。明朝鱼纹为双环眼，身体较平整，有多种鱼鳞样式。清朝鱼纹形态为尾巴上翘，尾尖分叉，制作工艺不精。

鲤鱼跃龙门挂件 冰种翡翠

鲤鱼跳龙门玉牌吊坠 天然和田碧玉

玉雕中的鱼跃龙门

在神话故事中，鲤鱼向来代表吉祥、如意、勇敢、坚贞、长寿等美好的寓意，是人们喜闻乐见的题材。

传说，从前东海中生长着成群的金背鲤鱼、白肚鲤鱼和灰眼鲤鱼。这天禹王要挑选能跃上龙门的鲤鱼来掌管龙门的消息传来，鲤鱼们便成群结队，沿黄河逆流而上，踊跃地向龙门进发。离龙门还很远的时候，灰眼鲤鱼们就已经被汹涌的黄河水打得晕头转向了，剩下的金背鲤鱼和白肚鲤鱼摆成一字长蛇阵，轮流打前锋，勇敢地抵抗风浪，奋勇向前，最后，它们终于游到了龙门脚下。禹王说：“鱼龙本是同根生，能跃上龙门的鲤鱼就是龙。”这时只见一条金背鲤鱼猛地从水中跃起，跃上浪峰，然后用鱼尾猛击浪尖，鱼身再次一跃而起，令人惊叹的是它竟然跃到了蓝天白云之间，很快就轻飘飘地落在龙门之上，威风凛凛。禹王大悦，连连称赞，随即在这条金背鲤鱼头上点了一点红，霎时间，金背鲤鱼竟变成了一条气势非凡的黄金龙。在古代，人们在黄河中若是捞到了头顶带有红色的鲤鱼，就会立即放生。后来人们就把鱼跃龙门比喻为地位高升。学校招生榜上出现的点红的姓名就来源于这个传说，有的地方还设立过“龙门书院”。

蝉纹

蝉纹最早可追溯到新石器良渚文化时期，汉朝迅速发展，并一直沿用到明清时期。早期的蝉纹制造简单粗陋，仅可辨蝉体轮廓。战国时期开始用阴线刻玉蝉的头、腹、翅等部位。汉朝葬玉中大量使用玉蝉，将其含在尸体口中，蝉体为扁平状，棱角分明，小巧精致。明清时期人量出现玉蝉，其外形变得更厚实，用阴线或阳纹清晰地雕刻出翅膀、肢爪等细致部位，头部多有穿孔，栩栩如生。

清 蝉纹琮 玉雕

龟纹

最早的龟纹出现在新石器时代，经历了各朝代的发展，直到今天还在应用。龟是我国古代的神兽之一，代表长寿，许多名贵的玉器上都能见到龟纹。

蚕纹

蚕纹中蚕的形象为圆头凸眼，身体蜷曲，非常美观，由多个单个的蚕体横向排列，组成蚕纹。蚕纹常环绕在器物口沿或足部，装饰效果非常好。商周时期非常流行蚕纹。

宋 蚕纹玉璧

鹿纹瓦子 玉雕

鹿纹

唐、宋以后很流行鹿纹。鹿与“禄”谐音，寓意加官晋禄，是在民间大受欢迎的题材。

鸳鸯纹

宋朝至明清时期的玉雕作品常用鸳鸯纹，最常见的是用作图案纹饰，有时也被琢磨成圆雕的佩饰或陈列品。

雁纹

是鸟纹中雁的写实的形象，商朝时期出现，唐宋时期比较受欢迎。

鹤纹

鹤代表了长寿，鹤纹常与松树、鹿、乌龟或寿星等吉祥的事物组合在一起出现，极受人们青睐。宋朝以后鹤纹开始流行，明清时期达到了顶峰。

◆ 人物纹饰

以人物为主要题材的纹饰就是人物纹，这种纹饰于新石器时代晚期出现，在各朝代均有一定的发展，明清时期最为流行。早期的人物纹主要以头像为主，制作粗糙，工艺较差。也有少量的人面形象，是用线雕刻出来的，人物的头、发、冠、鼻、口都刻得很细致。其中良渚文化中玉雕的人物形象最具观赏价值。迄今发现最早的人物全身图案来自于距今5300多年的安徽凌家滩文化遗址，这里出土了站姿或坐姿的玉人。从商朝开始全身的人物图案多了起来，这时期用双勾阴线雕刻人物的眼、鼻、口，眼为“臣”字眼，此时期的人物纹表情僵硬。战国和汉朝出土了较多乐舞人物纹，多被雕刻在扁平状玉片上。此类纹饰主要为女性，为甩袖舞蹈的姿势，线条顺滑，雕刻精美。唐朝的一些玉器上还出现了乐舞胡人纹，可以清晰地看到胡人的深目、高鼻、鬈发特征。明清时期的人物纹数量最多，主要有婴戏、历史典故、宗教及山水人物等常见图案。婴戏纹、四喜纹、童子玩莲纹、童子攀枝纹、人物故事纹等是非常受人们欢迎的。

清 如意童子 玉雕

婴戏佩 青玉雕

◆ 植物花卉纹饰

在古代玉器中一定少不了植物花卉纹，它从唐朝以后就一直广受欢迎。唐朝的花卉纹中多见荷花，一般穿枝过梗，与凤鸟纹组合在一起。宋朝花卉纹中也常见荷花，此时期荷花纹的花、茎、果都雕刻得非常细致，工艺精湛，非常美观。宋朝以后，还另外出现了许多吉祥图案，牡丹是荣华富贵的象征，雍容的牡丹在玉器作品中出现得最多。明清时期，玉雕中的植物花卉纹饰极其丰富，包括牡丹、荷花、梅花、菊花、兰花、白菜、扁豆、葫芦、葡萄、石榴、竹等，这些纹饰通常都象征着吉祥美好，精雕细刻，观赏价值极高。

花卉莲藕纹象耳活环赏瓶 青玉雕

第四章 恢宏大气之石雕

石雕艺术需要耗费大量的汗水和心血，它是力量的艺术。石头具有坚硬、沉重、耐久的特性。弱小的人类要用手工来雕刻坚硬的石头，这着实是一项漫长而艰辛的工作。今天当我们看到千万年前的古代石雕作品时，我们不仅会对石雕的外形惊叹，还会为石头传递出雕刻者的意志和精神而感动和震撼。千万年的风吹雨打也洗不掉当时人们生存过的印迹，并且在千万年后依然闪烁着生命的光芒。

石雕的历史溯源

在漫长的人类发展史中，石雕艺术几乎与人类文明相伴而生。自中国的石雕艺术诞生以来，就受到了世人的青睐，并一直延续至今。在漫长的岁月中，石雕艺术的创作得到了不断的更新和进步。不同历史时期，石雕艺术的类型和风格有很大差异。石雕艺术的创作和演变受到了不同需要、不同审美追求、不同社会制度和人文环境的影响。同时，国势的盛衰、时局的变化也制约着雕塑的发展。

曹国舅像 石雕

◆ 夏商周时期

夏、商、周三代是中国的奴隶制社会时期。夏商周时期的青铜器体现了此时期高超的雕塑艺术，而陶塑、建筑装饰雕塑、象牙雕刻等也得到了较大发展。从殷墟出土的大量商朝玉石雕刻品中，我们可以了解此时期玉石雕刻的成就。殷墟出土的玉石雕刻品数量加大，涉及诸多题材，纹饰精美，造型多样，生动形象。万物有灵的原始宗教观念在商朝社会很盛行，人们将具有特殊功能的动物奉为神灵，大为崇拜，因此此时期的石雕作品中有各式各样的动物。其中出土的大理石立鸮、司辛石牛、石雕人像等是最具有研究价值的。大理石立鸮石雕中小立鸮呈蹲踞状，靠尾巴及二足支撑，整体为左右对称，喙部弯曲，头上有羽冠，背脊饰虫纹，

猛虎下山 石雕

商周 石跪人像

胸前雕琢着鸟纹，其他明显部位布满了用阴线雕刻的夔龙纹，纹饰清晰精美，做工很精致。司辛石牛的质地是大理石的，身上的纹饰是用阴刻线进行雕琢的，下颌部刻有“司辛”二字;牛是卧地的姿势，前肢跪地，后肢蜷曲，昂首向前，两角、两耳都贴在牛背上，造型简单，却非常形象，具有极强的感染力，体现了古人高超的艺术手法。石雕人像双手放在膝盖之上，五官夸张，表情恭敬，作品虽简洁，但石雕人物的内心世界被刻画得很传神。从以上几个作品可以看出，商朝石雕的显著特征是在圆雕造型中融入图案装饰的手法，这也是商朝石雕和史前雕塑不同的地方。

周承殷制，现在出土的周朝文物中也有大量石雕作品，其中礼器颇多，具体包括璧、环、璜、圭、璋、琮，还有一些仿兵器的仪仗用品，如戈、斧、戚、刀等。这些器物可用来代表贵族身份，标志等级尊卑，制作都十分精美，并被赋予了丰富的礼仪纲常和伦理道德的观念。

◆ 秦汉时期

经过了战国时代风起云涌的争斗，到秦汉时期，进入我国封建社会历史上第一次大一统时期。此时期经济繁荣，社会稳定，地域得到拓展，文化交流频繁，商周青铜时代的神秘渐渐隐去，文化艺术得到了大力发展，石雕艺术在此环境下取得了很大成就。

春秋战国，独立的石雕作品很少见，但石雕的技艺却得到了很大发展。刻石文字开始与石雕艺术相互融合。春秋战国肖形印很受欢迎，这相当于石雕技法在雕刻印章中的移植，这是石雕成就的一个缩影。

秦汉时期的石雕工艺在传承了春秋战国时期的石雕文化的同时，又有所发展，此时期的石雕最主要应用于墓前石雕。这些墓前石雕规模宏大、气势非凡、造型生动、线条流畅，感染力极强，是秦汉石雕的辉煌成果。它们一方面具有极高的观赏价值和社会学价值，另一方面也凸显了墓主人的非凡地位。秦汉时期厚葬之风非常浓厚，因此皇家贵族都极力追求奢华的墓葬建筑及装饰，而他们雄厚的财力、物力、人力条件，将这一切变得可能，在这种风气下，大量祠堂碑阙和墓室得以建立，石雕得到了很大发展。此时期石雕工艺的雕刻手法主要有阴线刻、浅浮雕、平面雕和透雕等几种。题材内容也变得更加丰富多彩，有历史典故、神话传说、孝义事迹、烈女故事、现实生活、祥禽瑞兽等。

建筑构件 石雕

招财貔貅 石雕

汉 画像石

其中汉朝石雕艺术涉及的领域更加广阔，除了墓室雕刻及丧葬明器以外，还包括大型纪念雕像、园林装饰石雕、画像石以及各种石雕工艺品等。此时期的大型石雕、石刻建筑为中国雕塑史增添了夺目的光辉，石雕工艺水平达到了前所未有的高度。其中汉朝时期的仪卫雕塑非常引人注目，遗留下来许多优秀作品，霍去病墓石雕群就是一个典型代表。雕工精湛，气势雄浑，对后世同题材的作品有一定的影响。另外，画像石和画像砖是汉朝石雕中的一个独特的品种。画像石是雕刻在墓室、祠堂四壁的装饰石刻壁画。它内容丰富，可与商周的青铜器、南北朝的石窟艺术、唐诗、宋词相媲美，是中国古典美术艺术发展的巅峰，是我国古代文化遗产的瑰宝。画像砖是一种建筑用砖，其特殊之处在于表面有模印、彩绘或雕刻图像，它样式繁多、图案精美、题材丰富，在中国美术发展史上占有重要地位。

东汉时期，佛教传入中国，中国开始了佛教造像。尽管当时的佛教造像还很不成熟，但拓展了中国雕塑的题材，丰富了新内容，为后世大规模的佛教造像奠定了基础。

霍去病墓石雕

霍去病（公元前 140—前 117 年），河东平阳（今山西临汾市西南）人。西汉名将，官至大司马骠骑将军。曾先后 6 次出击匈奴，令匈奴闻风丧胆，为汉室立下了汗马功劳。霍去病英年早逝，汉武帝下令在茂陵之东为其修建大型墓冢以表彰他大破匈奴的奇功。霍去病墓石雕是一组纪念碑性质的大型石刻群。墓前列立着石雕牛、马、象、猪、虎等 10 余件大型立体动物雕塑，其中最具代表性的有“马踏匈奴”“伏虎”“跃马”等。

这些石雕作品多是根据原石的自然形态稍加雕凿，刀法凝练，形神兼备，风格古朴，气势恢宏，给人以凝重与肃穆之感，是中国现存时代最早、保存最完整的一批大型石雕艺术珍品。其中墓前石刻的主像为“马踏匈奴”。“马踏匈奴”石雕的材质为花岗岩，长 190 厘米，高 168 厘米。石马矫健俊美，英姿勃发，昂首站立，长尾拖地，一只前蹄将一仰面而躺、凶神恶煞的匈奴首领踩在脚下，匈奴首领手持弓箭，面目狰狞，扭动着身躯，不住地挣扎，这一上一下、一动一静的组合，将霍去病将军英勇奋战的丰功伟绩和大汉王朝磅礴的气势表现得入木三分。

马踏匈奴 霍去病墓前石雕

云冈石窟

◆ 魏晋南北朝时期

魏晋南北朝时期的石雕工艺，上承两汉，下启隋唐，是我国石雕工艺发展过程中重要的过渡时期。统一、稳定的秦汉王朝过后，我国又一次进入了社会动荡不安的分裂时期——魏晋南北朝时期。政局动乱、割据混战的社会使得百姓生活苦不堪言，这不但造成了人民的身体伤害，也极大地摧残了人民的精神，到处充满了悲观厌世的情绪。于是，人们求神拜佛，寻求慰藉，祈求今生与来世的幸福。在这种社会需求下，佛教石窟造像的大力发展成为可能。艺术的发展深受社会环境和思想意识的影响，因此，这一时期的石雕艺术成就在很大程度上是通过佛教艺术表现出来的。同时，佛教还成了统治人民的工具，得到了统治阶级的大力支持。此时期修建了大量的寺庙、佛窟，而依山势开凿的石窟具有极高的艺术价值，其中最有名的石窟分别是敦煌石窟、云冈石窟、龙门石窟、麦积山石窟等。石窟内包含了大量的石雕作品，大型佛像大多数都是石雕。

魏晋南北朝时期的代表性石雕工艺制品除了为石窟雕刻的石佛外，还包括陵墓石雕，主要有墓前的各种石兽、石柱等。同时佛庙寺院的石刻建筑工艺也得到了长足的发展。此时期的石雕艺术不拘泥于一种形式，作品中融入了浪漫的想象，遗留下了许许多多令后人惊叹的艺术珍品，在中国雕塑史上写就了辉煌的篇章。

中国的四大石窟

四大石窟是我国的巨型石窟艺术景观，分别为敦煌莫高窟、大同云冈石窟、洛阳龙门石窟、天水麦积山石窟，它们是石雕艺术的宝贵财富。

敦煌莫高窟俗称千佛洞，位于甘肃省敦煌市东南 25 公里的鸣沙山东麓崖壁上。东晋太和元年（366 年），莫高窟的第一个佛窟始建。历经隋唐以至元代，均有所修建。莫高窟南北长约 1600 米，现尚存有壁画和雕塑作品的共 492 窟，壁画 45000 多平方米，彩塑像 3000 余身，莲花柱石和铺地花砖数千块等。莫高窟的突出特点是建筑、壁画、雕塑有机结合，窟形建制分为禅窟、殿堂窟、僧房窟等多种形制；彩塑形式有圆塑、浮塑、影塑等；壁画有尊像画、经变画、故事画等不同内容，是罕见的艺术文化宝库。莫高窟是世界上现存规模最宏大、保存最完好的佛教艺术宝库，被誉为“东方艺术明珠”。

敦煌莫高窟外观

石雕佛像 云冈石窟

山西省大同市武周山（又名云冈）南麓坐落着气势磅礴的云冈石窟，依山而建，东西绵延 1 公里。主要的石窟均完成于北魏迁都洛阳之前，均自和平元年（460 年）至太和十八年（494 年）。现存洞窟 53 个（主洞 21 个），造像 51000 余尊，最大的高达 17 米。石窟中除了以佛、菩萨为主的人物形象外，还有极为丰富的配饰，如伎乐天手中的排箫、琵琶、鼓笛等。云冈石窟内容极其丰富，天王力士剽悍矫健，童子天真无邪，胁侍和供养人端庄恭敬，飞天身姿曼妙，还有各种芝兰仙草、祥禽瑞兽、背光火焰等，让人眼花缭乱。云冈石窟的佛像艺术贯通中外，是中国古代雕刻艺术的瑰宝，在世界文化史上也有重要地位。

河南省洛阳市南郊 12 多公里处坐落着龙门石窟，它是北魏时期开凿的，历经隋唐至北宋，是皇家造像遗址。现存石窟 1300 多个，龛 780 多个，像超 9.7 万尊。龙门石窟中的古阳洞、宾阳中洞和莲花洞艺术价值很高，是北朝时期的著名洞窟。其中古阳洞弥勒菩萨和胁侍菩萨像的制作工艺极其高超，面庞清瘦，身姿曼妙，给人飘飘欲仙的感觉。宾阳中洞的主像为释迦牟尼像，高鼻大眼，和蔼慈祥，体现了北魏中期石雕工艺的成就。洞中的大型浮雕《帝后礼佛图》，更是令人啧啧称奇。画面上的主要人物是北魏孝文帝和文昭皇太后，前簇后拥，组成了礼佛行进队伍，构图合理，雕工精湛，是难得的艺术珍品，遗憾的是，在二十世纪三四十年代被盗凿并转卖，现存美国。

麦积山石窟第 44 窟景观

麦积山石窟位于甘肃省天水市东南的麦积山上，因该山形如堆积的麦秸而得名。麦积山石窟大多开凿在 20~80 米高的悬崖绝壁上，各个洞窟用栈道相连。距今千年以前，在陡峭的悬崖上开凿出众多的洞窟和佛像，着实令人叹为观止。麦积山石窟开凿于十六国晚期，其后的历代都进行过开凿和修缮，现存洞窟 194 个，各种造像 7000 余尊，壁画 1300 余平方米。麦积山石窟的泥塑非常有特色，塑像的大小堪比真人，被誉为“东方雕塑馆”。

◆ 隋唐时期

经历了数百年的动荡变迁，中国历史再次进入大一统时期——隋唐时期。此时期是封建社会的鼎盛时期，国力强盛，经济繁荣，人们生活安定，思想开放，文化艺术大力发展，佛教信仰普及，有力地推动了中国雕塑的发展，石雕艺术也取得了很大成就，其主要表现在佛像雕刻和陵墓雕刻两个方面。

隋朝结束了魏晋时期的割据混战，虽然其存在时间短暂，但统治阶级对佛教造像极为支持，因此石雕艺术也得到了迅速发展，有不少的杰作保存至今。这些作品具有极高的艺术成就，为后人的研究提供了宝贵材料。古今闻名的赵州桥是隋朝的建筑杰作，其拱桥结构是中国人留给世界的宝贵财富，另外，赵州桥栏板上的雕刻更给人们带来了极大的艺术享受。

唐朝石雕工艺在隋朝的基础上又不断发展，石雕在此时期达到了一个高峰。唐朝在政

隋唐时期的墓砖

赵州桥上的雕龙图案

昭陵六骏（之一）

治、经济、文化方面的发展都是前所未有的昌盛与繁荣，这为石雕的发展奠定了雄厚的基础，统治阶级对此也是大力支持，因此佛教造像活动蔚然成风。此时期来自印度的佛教文化开始与中国传统的儒、道思想相融合，佛教造像变得更加中国化，并逐渐进入成熟阶段，唐朝佛教造像的风格雍容华贵、庄重典雅，越来越符合中国人的审美情趣。

唐朝的帝王陵墓雕刻成就也很高，陵墓前保存的大型陵墓石刻群代表了唐朝石雕艺术的高超水平。唐太宗李世民的昭陵墓是其中的杰出代表。其中的《昭陵六骏》是李世民生前所骑的六匹战马的浮雕像，堪称旷古罕见的现实主义杰作。据说是唐朝著名画家阎立本绘制了六匹战马的图样，六骏马的赞语为皇帝李世民亲书，每骏四句，并且由大书法家欧阳询书写，只是经过了漫长的岁月，这些珍贵的遗迹已经模糊不清了。作品中的六匹马姿态各异，或伫立，或缓行，或急驰，造型生动、线条流畅、比例适宜，是初唐石雕的代表作。从唐高宗李治和武则天合葬的乾陵开始，陵前石刻的数目、种类和安放位置开始有了固定的制度，并一直沿袭到清朝。石刻组合气魄雄伟，也能从中窥探出世俗社会的竞奢逐华，其与建筑群共同传达出一种肃穆、庄严、神圣的文化气息。

◆ 宋元时期

隋唐高超的艺术成就被宋朝继承，此时期的建筑石雕被运用得更加驾轻就熟，技艺更加成熟，石雕产品的种类也更为丰富。同一时期的辽、金的石雕艺术也有一定的发展，像卢沟桥上的望柱石雕，望柱头上的大小狮子，形象逼真，充满生趣，极具观赏价值。

重庆大足石刻是宋朝石刻造像中的典型代表。大足石窟位于重庆市大足区城北 1.5 公里的北山，是主要表现为摩崖造像的石窟艺术的总称。最初于公元 892 年开凿，历经五代、北宋，直到南宋才得以完成。大足石刻包括石刻造像 70 多处，总计 10 万多躯，其中最主要的是佛教造像，另外也有不少儒、道教造像，规模宏大、工艺精湛、内容繁多，是中国晚期石窟造像艺术的典范。

卢沟桥石狮子

石刻佛像 重庆大足

花插 石雕

河南巩义汇聚了多数宋朝皇陵。宋朝陵墓石雕在唐陵石雕的基础上有所发展，规模宏大，雕刻细腻。据相关资料可知，宋朝有多座帝陵、皇后陵及亲王、公主、皇子、皇孙等的陵墓在河南巩义境内，保留至今的墓前石刻造像数百件，对我们研究宋朝石雕艺术的发展具有重要意义。

元朝的石雕艺术更多的是为现实服务，此时期出现了大量的为生活服务的石雕品，其中元大都的宫殿建筑就有大量石雕装饰。此时期大理石、汉白玉等石料的加工工艺都很高超。现存于北京北部居庸关内的云台就运用了大量的石雕工艺，它代表了当时建筑石刻艺术的水平。元朝的陵墓雕塑很少见到帝王陵前的石雕仪卫，墓室里面的随葬俑人很有此时代独特的韵味。其中的执事仆人很有特色，他们两腿叉立，显得憨厚朴实，展现了蒙古族劳动人民的朴实性格，在元朝雕塑艺术中占有较重要的地位。

自宋朝以来，商品经济不断发展，为适应社会各阶层需求，各种题材和样式的石雕工艺品数量不断增多。石雕艺人广泛利用各种石料，雕刻花插、花瓶、座屏、山水盆景以及各种小件石雕工艺品。著名雕塑家王刘九声名远播，他极擅长雕刻各种小件佛像、寿星。至南宋以后，小型赏玩性的石雕工艺品越发发展成熟，在文化艺术史中占据重要地位。

◆ 明清时期

到明清时期，我国封建社会的发展已进入最后阶段。伴随着封建社会政治、经济和文化的不断发展，我国文化艺术的风格变得越来越繁缛。明清时期，各地都兴盛佛教、道教塑像，因此石刻造像的数量就大大减少，而富有生活气息的竹刻、木雕、泥塑、陶塑、彩塑等品种日益丰富，发展迅速。明清时期的石雕工艺在作为案头摆设的小型石雕工艺品上得到了较大发展，其内容以观音菩萨、罗汉、达摩、寿星、八仙等人物形象为主，此时期的石雕题材更加适应各阶层人们的需求，以人们喜闻乐见的民间形象为主。

此时期的石雕艺术在建筑方面的应用可以说到了无以复加的地步，这从明清遗留下来的皇宫园林、宫殿等可以明显感受到。这些建筑似乎在告诉我们这样一个事实，世界上最优秀最辉煌的建筑一定离不开石雕装饰构件。清朝皇家园林中的圆明园被称为“万园之园”，只可惜，这座空前绝后的园林于 1860 年被英法联军焚毁。如今我们从园中的残垣断壁中仍可窥视到这座巨大的园林建筑的一些艺术风貌。

圆明园遗址

陵墓内的镇守石兽

孝陵里的石雕骆驼

明清陵墓石刻的艺术成就也较高。安徽凤阳的皇陵、江苏泗洪的祖陵、北京昌平的十三陵、江苏南京的孝陵和湖北钟祥的显陵等都是明朝的重要陵寝。孝陵的墓主人为明太祖朱元璋，墓刻有多对石像，其中新增了象、骆驼这两种动物，并被明朝的其他皇陵沿袭。孝陵风格古朴，石雕造型简练，雕刻精细，雕刻风格独具特色。十三陵雕塑，实际上就是明成祖朱棣长陵的神道雕刻，最大的神道雕刻占地达 30 平方米。石兽、石人比例得当，造型逼真，人物的五官雕刻得很细致，与早期陵墓雕刻不同。满族是少数民族，早在入主中原之前，努尔哈赤的福陵和皇太极的昭陵便在今天的沈阳建造了。清朝自定都北京后，也仿照前朝建造陵墓，分别在河北遵化和易县为入关后的多个皇帝建造了规模宏大的清东陵和清西陵。

石雕的石材

几乎所有的石头都可以用来雕刻，但若想创造出不同表现力的作品就需要我们详细了解和掌握不同石头的特性。无论是小块的玉石还是庞大的山体岩石，它们都具有风格迥异的材质美。我们在选择雕刻石材前，需要先了解石头的种类、质地、硬度和颜色，而石头的质地取决于它的成因。

大象 石雕

钟馗像 石雕

◆ 石头的成因

石头按不同的成因可分为三大类：第一类是沉积岩，如石灰岩、砂岩等。这种岩石是由于风化沉积形成的，质地较粗，一般不够坚硬，当然不同的沉积层硬度也不同。沉积岩虽比较容易打制，但是易起层、易断裂。第二类是火成岩，如花岗岩和玄武岩。这类岩石是由火山岩浆冷凝形成的，其特点是质地均匀，硬度很大，虽不易打制，但优点突出，质地稳定，成型后非常坚固，也很耐久。第三类是变质岩，其最初为火成岩或沉积岩，经高温和高压后，结构或组织中的部分矿物发生变化而形成。我们常用的大理石就是由石灰岩结晶变质形成的，变质岩质地细腻，硬度适中，非常适合雕刻中小型石雕作品。

◆ 石雕基本石材

石雕艺术是集观赏性、艺术性于一身的艺术，它将高雅、实用进行了完美的结合，想要雕刻一件精美的石雕作品，千万不能忽视选料的重要性。只有具备了适宜的材料才能更好地将雕刻艺术发挥出来。选材时主要看石料质地的粗细、颗粒均匀与否、颜色是否一致，还应注意石料中是否暗藏裂缝、石筋、石棉等，石料的优劣对雕刻出的作品的优劣有很大影响。

针对不同的材料需要使用不同的雕刻技法，而不同材料的石雕也适用于不同的范围。根据相关研究可知，我国石雕工艺的常用石材主要分为大理石和花岗岩这两大类。

竹纹插屏 石雕

小象 汉白玉石雕

大理石

大理石因主要产于云南大理而得名，其硬度约为 3，质地非常细滑。纯净的大理石颜色洁白晶莹，质地温润，纹理细致，整体有些通透，石雕艺人常用它来雕刻人体，尤其是小孩的头像。大理石的质地并不坚硬，雕刻起来不很费力，可以很好地表现出人体的质感。古希腊、古罗马和意大利文艺复兴时期，出现了大量用白色大理石制作的人体雕塑。因白色大理石如玉石一般美丽，我国将其统称为“汉白玉”，其细腻的质感常被人们称道，质量上乘的汉白玉产地有云南、北京房山、河北曲阳、四川及山东等地。我国常用汉白玉装饰宫殿建筑，明清时期的许多建筑石雕都是汉白玉的，如北京故宫中有大量用汉白玉雕刻而成的影壁、石狮子、石栏杆等。这些雕刻既恢宏大气，又高贵雅致，很有皇家气派。汉白玉还因为纯净优雅、端庄大方而被应用到石雕中，它是河北曲阳、北京房山等地的主要雕刻石材，深受世人喜爱。

大理石中的青白石也很常用，宫殿建筑和带有雕刻的石活中应用较多。青白石较为坚硬，比较耐久，质地很细腻。其种类较多，可细分为青石、白石、豆瓣绿、艾叶青等。

花岗岩

花岗岩的硬度为 5~7，比较坚硬，不易风化，有粗糙的颗粒，不适合精雕细刻，要制作造型简单、气势恢宏的大块石雕作品选花岗岩比较适宜，雕凿的痕迹及其粗糙的断面都能很好地体现石塑的力量之美。花岗岩色彩丰富，包括米黄色、咖啡色、灰色、淡红色、青色、黑色等。花岗岩的抛光效果非常好，如此彩色的肌理也能充分体现，因此，花岗岩也常被用来制作简洁的装饰性作品。花岗岩的主要产地有山东、江苏、福建、浙江等地。

周瑜石雕像 花岗岩

石雕的加工工艺

石雕工艺是人类历史的宝贵遗产，在我国琳琅满目的工艺作品中，石雕占有极其重要的地位。其材质坚硬耐久、种类丰富、应用广泛，拥有无与伦比的优越性。

◆ 石雕的雕刻步骤

选材

石雕创作的第一步就是选材。石雕的材料很丰富，石雕艺人需从中选出最适宜的。

石雕佛像 龙门石窟

观音像 大理石雕

弥勒佛像 石雕

选料分主动选料和被动选料两种。主动选料即石材决定题材，根据所选石料的块度、形状、硬度、色泽和颗粒的粗细等，来决定雕刻的题材。主动选料更简单些，石料的浪费较小。被动选料就比较有局限性，它是题材决定石材，需要根据构思好的题材来选择为之服务的石材。被动选料既费精力也费石材，少一点就不能用，多了就需要去掉。

另外，选材时要注意，石材有裂缝或质地太松的都应舍弃，颜色也要注意不可太杂乱。自然界中石头的性质千差万别，为了更好地了解石头的特性，若能到石材加工厂参观并实习，是个非常好的选择。在那里既可以见到各种石材，也能找到多种石头下脚料做尝试，亲身了解和对比各种石材特性，还能从厂里的技师和石匠那里借鉴到加工石头的经验和技巧。想选中一块满意的大块石料，并不是件容易的事，往往需要几天、几月，甚至几年的时间。

奔马像 石雕

勾勒轮廓

选好石料以后我们需要将雕刻内容的大概轮廓在石上画出来，这便是勾勒轮廓。这一步有利于合理利用石料和掌握雕刻的形状，相当于整个雕刻的设计蓝图，是雕刻的依据，对作品整体造型的雕琢至关重要。

勾勒轮廓需要雕刻者本人有一定的绘画功底，还要对雕刻内容的形态做出准确的定位。勾勒前要先在石料上找方。找方的目的有两个：一是把这块石料可用的部位框出来，注意可用石料的四个角都必须是直角；二是要根据这块石料的大小来确定成品的比例，合理利用石料。找方的具体方法是用墨斗拉出直线，再根据雕刻内容的比例，画出粗略的轮廓。

香炉 花岗岩雕

减荒

轮廓画好以后需要减荒，也就是将多余部分凿掉。开荒的主要方法分为人工减荒和机械减荒，两种方法相互搭配，相得益彰。

人工用锤子和钎子将石料上的大块多余部位凿去就是人工减荒，操作时必须注意，要使钎子的方向朝外，以免凿下来的石块伤到自身。同时，还要保证操作者的对面没有人，否则飞落的石块也容易伤及他人。人工减荒又叫粗减荒和一次减荒。

人工减荒只能使作品初具轮廓，接下来还需要利用切割机进行机械减荒。人工操作毕竟不能一步到位，比较细小的部分就不适合人工减荒。钎子的受力面是一个点，如果用力过大，一下子就可能减掉很多石料，而切割机的受力面可以为直线，它的操作比较准确。切割时要把握好度，既不能不敢切，也不能切过头。若需要切割的部位面积较大或者较深时，可以将准备切割的部位先分成几个部分，然后再一点一点进行，这样反复操作，就可达到想要的效果。机械减荒又快又准确。将整个轮廓线以外的荒料全部减完，减荒就完成了。

古代仕女像 石雕

园林内的石雕画

整理造型

整理造型也称打糙，这是一个很有必要的过程，还要对石料进行造型的整理，其实就是对作品的一些具体的细小部位准确定位，并粗略地雕刻出这些部位。另外，若有需要挖空的地方，在这一步就要掏挖好。整理造型非常关键，需要特别细心，稍有不慎就有可能将重要部位雕刻失败，这需要雕刻师具有高超的雕琢技艺。

整理造型时，需要使用小型号的切割机，有经验的石雕师傅都具有良好的目测本领和艺术手法，他们能迅速、准确地操作。至于这一步骤的顺序，并不固定，可根据每个雕刻师傅的习惯来定。

精雕细刻

精雕细刻又名打细，即在打糙的基础上将细致部位都雕凿清楚，再用磨头、刀子等小工具完善好需要修理的地方。例如，须发部位，需要根根清晰可辨，工艺精湛的雕琢师，对细节部位的处理令人惊叹，发丝之间的间距细密、均匀，毛发的质感都能清晰体现。还有人物的服饰是否飘逸、顺畅，眼睛是否神采奕奕等，这些内容都要在这一步下功夫。

细节部位的雕刻极其考验石雕艺人的技艺水平，需要其既艺高人胆大，又处处小心，时刻留有余地。雕琢时，不能心急，要一边雕琢一边观察，随时调整雕琢的力度和方向，即便有一点点误差，也要及时发现，尽快纠正过来，不要影响到雕刻结果。

人物像 汉白玉雕

打磨

打磨的工序很耗费时间，操作者必须足够有耐心，还要具备熟练的打磨方法。

打磨有两个程序，首先要用砂石打磨。具体程序是先用粗砂石将作品粗糙的表面通体打磨一遍，再用细砂石打磨一遍。其次要用砂布打磨。砂布比砂石细腻多了，需要先用粗砂布通体打磨一遍，之后再换用细砂布。按照这样的步骤反复打磨，不放过任何一个部位，直到把作品表面磨得反光为止。

打磨时，必须注意不要把本该是棱角的部位打磨圆了，棱角部位的打磨用力必须巧妙，否则作品的立体感就会打折扣。

鲤鱼像 石雕

◆ 石雕的雕刻技法

在雕刻创作中，操作者对于形象和空间的处理手法就是雕刻技法。这种技法就是雕与刻，它主要体现在削减上。也就是说，从外向里，一步步去掉多余的石料，循序渐进地将形体挖掘显现出来的过程。在雕琢过程中，我们可以体会到刀在石上的特殊感觉，还能体验到作品“脱壳而出”的快慰。在雕刻艺术创作过程中，运用各种刀法去体现创作意图，是一件十分有意思的事情。

线雕

线雕是指利用雕刻工具在石料上刻出阴线和阳线，相当于用铁笔在石板上画工笔画。线雕体现了绘画与雕刻的结合，它靠光影产生，以光代笔，雕刻出的作品内敛含蓄。通常来说，在进行线雕之前，需要先将图案画出来，但经验丰富的雕刻大师往往胸有成竹，无须画图，就能雕刻得行云流水，一气呵成。线雕既有美术线条的飘逸洒脱，又有石刻刀法的刚劲有力、一丝不苟。其装饰效果含蓄而富有装饰性，深受历代石雕艺人的喜爱。

麒麟像 石雕

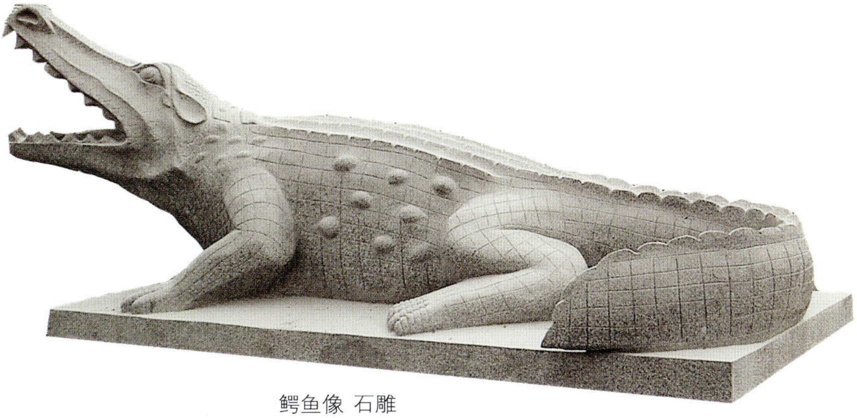

鳄鱼像 石雕

圆雕

圆雕是一种立体雕刻，一般没有背景，从哪个角度欣赏都效果极好。圆雕形象千差万别，雕刻手法和程序也不尽相同。圆雕的具体方法是根据所雕刻造型各部位的比例，将其大致的轮廓画出，再按照轮廓线凿去多余的部分。外形基本被打造出来后，再勾画出细部线条，雕凿清晰，再将需要修理的地方修整干净。圆雕是石雕工艺中最基本的技法。

浮雕

浮雕是在石料上面经过减地、去地，从而使雕刻造型从平面上凸出的雕刻技法。浮雕历史悠久，装饰性强，在建筑装饰中常能见到，是继圆雕之后出现的又一种大受欢迎的雕刻技法。根据作品上凸起物象的高低不同可分为高浮雕、浅浮雕和凸平浮雕等形式。

建筑中的浮雕图案

人民英雄纪念碑上的浮雕图案

高浮雕看起来非常复杂，属于多层次造像，作品的厚度较大，形体起伏明显，较为夸张，压缩处理不大，看起来非常饱满、厚重，与圆雕相似，给人的视觉冲击力较大。著名的高浮雕作品很多，如人民英雄纪念碑上的浮雕图案，百余年来可歌可泣的革命历史，就是通过高浮雕形式表现出来的，极富感染力。这是使用民族传统技法进行创作的一个代表作品。利用高浮雕技法制作出的作品造型优美，华丽端庄，具有别样的魅力，观赏价值极高。

浅浮雕更具平面感，作品上的物象凸出不明显，更像绘画形式。浅浮雕作品整体厚度较小，起伏不明显，层次接近，绘画因素强调得较多，对光线很依赖。浅浮雕不过多地营造空间效果，它更多地利用绘画的描绘手法或透视、错觉等处理方式来造成较抽象的压缩空间。

凸平浮雕是在平坦的材料表面用刀或钎将物体轮廓线外的部分去除，这样物体形象就更加凸出，再对物体形象的细节之处仔细雕刻，使作品轮廓变得更加清晰。

浮雕与圆雕最大的区别是浮雕并不是完全立体的，它从前方看时具有“半立体感”，后方是贴在石料上的。高浮雕算是最接近圆雕的。石壁或木柱的表面适合雕刻凸平浮雕作品，如洛阳龙门石窟古阳洞佛龛的石楣上有北魏太和十八年雕刻的浮雕，工艺水平极高，观赏价值极大。

影雕

影雕就像是用铁笔在石板上制成的油画。影雕是根据黑白明暗成像原理，用像笔尖一样细小的工具，通过运用腕力调节针点疏密粗细、深浅而表现图像。密度越大的地方，图像就越亮、越明显；密度越小的部位就越接近背景颜色，此部位也就越平滑。影雕将光线明暗巧妙结合，使得作品看起来形象生动，极富立体感，具有独特的艺术魅力。

少女图 石影雕

透雕

透雕，是指在浮雕的基础上镂空其背景部分，保留浮雕部分的技法。透雕扩大了可视空间的深度，使作品空间感加强，作品显得更加轻薄、明快。透雕常与圆雕等其他技法结合使用，这样作品的表现力会更强。透雕可被细分为平面透雕和立体透雕。

鹿鹤同春 石透雕雕花板

鸡母窝 寿山石镂空雕

在一块平板上进行镂空雕刻的工艺形式为平面透雕。平面透雕介于圆雕和浮雕之间，是在浮雕的基础上，将其背景部分镂空而成的作品，属于浮雕技法的延伸。平面透雕可细分为单面透雕和双面透雕。单面透雕只刻正面，双面透雕就是将正、背两面的物象都刻出来。透雕的关键是镂空，线与面的处理需要严格把控，各种造型手段的变化都必须与主题内容相符。

立体透雕就是镂空雕，这种工艺技法的特点是全方位立体雕刻。这种技法是在圆雕、浮雕、透雕的基础上进行的，难度相当大。具体来说，就是把石材中没有表现物象的部分掏空，留存下能表现物象的部分。镂空雕的要求极高，因此，在石料挑选、作品布局、刀具配备和雕刻程序等方面都需要特别注意。镂空雕所用石料一定要质细性纯，粗糙质地的石材容易在雕琢过程中断裂。一般情况下，透空的地方越多，作品显得越灵巧，价值越高。

石雕工艺品的题材分类

石雕工艺是勤劳智慧的古人留给我们的宝贵财富，它历史悠久，已经发展了两千多年，因此题材广泛，内容丰富，同时随着时代的变化而不断更新。

◆ 宗教题材

宗教在国内的蓬勃发展催生了宗教艺术作品，多姿多彩的宗教文化装点了艺术的殿堂。在石雕艺术题材中，宗教造像是一个很重要的方面，它是各类宗教中神祇的物化呈现，体现了人们的偶像崇拜。

道教又名道家、黄老、老氏与玄门等，是我国土生土长的宗教，它是在古代的原始巫教、战国的神仙学说和先秦两汉的道家黄老思想上逐渐发展而来的。道教历史文化源远流长，中国古代的哲学、思想、文学、艺术、宗教、文化、风俗乃至科学技术方面，都曾深深受到道教的影响。道教产生后，以道教为题材的内容常被应用于各种艺术中。历代的石窟、摩崖造像、碑刻等雕刻方面都会涉及道教题材，具体造型有元始天尊、灵宝天尊、太上老君、八仙等道教人物。

何仙姑石雕像

云冈石窟内的大型石雕佛像

鱼篮观音像 石雕

佛教起源于印度，汉朝时期传入中国，自此对中国人的思想意识、民族关系、文化艺术、生活习惯等方面均产生了较大的影响。尤其是北魏时，佛教在全国上下都很兴盛，再加上统治者的大力支持，以佛教为题材的石雕造像非常流行。石雕佛像造型恢宏大气，有的端庄肃穆，有的慈眉善目，线条流畅，雕刻精美，至今在石雕题材中也占有一定地位。佛教造像的常用人物包括释迦牟尼、弥勒佛、达摩、三世佛、观音、文殊、普贤、地藏、大势至、韦陀、罗汉、天王、力士、飞天等数十种。

天女散花 汉白玉石雕

◆ 神话题材

石雕中也有许多作品采用了神话题材。神话是古代先民对世界起源、自然现象及社会生活的原始理解，并且用故事和传说的形式来展现超自然的形象和幻想。神话能体现出古人对自然力的斗争和对理想的追求。我国古代流传着各种各样的神话故事，其内容想象丰富，多姿多彩，深受广大人民喜爱。神话中的主要人物有盘古、女娲、伏羲、嫦娥、仙女等，常见的有《嫦娥奔月》《天女散花》《女娲补天》《精卫填海》等作品。

狮子舞绣球（一对） 石雕

◆ 动物题材

在石雕作品中，我们最常见的就是动物题材，它们有时作为独立的形象出现，有时与其他人物、仙佛等出现在同一画面中，有时与建筑紧密结合。这样的组合既能互相衬托，烘托主题，又能装点画面，增强感染力，而且动物的形象也能得到升华。传统的动物形象分两种：一种是珍禽灵兽，如青龙、白虎、朱雀、玄武、麒麟、貔貅、凤凰等；另一种是现实中存在的动物，如狮、象、虎、豹、鹿、骆驼、猴、松鼠、牛、羊、马、狗、兔、鸡、鹰、孔雀、仙鹤、蛇、龟等。下面简要介绍几种：

龙

龙是古代传说中的神兽之一，自古以来，我国就以龙为荣，以龙为尊，其在任何朝代都不会缺席。同时龙是帝王的象征，代表了至高无上的权力；龙又是中华民族的图腾，华夏儿女自称是龙的传人。因此龙的石雕作品非常多见，包含各种形式，浮雕、圆雕、透雕等多种技法相互结合，将中国龙的尊贵、气魄和神圣刻画得入木三分，也显现出主人身份的尊贵。龙形石雕表达了主人祈求吉祥平安的美好愿望。人们还赋予了龙各种优秀的品质，使得龙变得与众不同。龙勇猛异常，不畏强暴，所向披靡；龙足智多谋，它可以预见未来；龙还本领高强，它变化多端，能够上天入地，兴云布雨；龙又刚正不阿，品德高尚，福泽天下苍生。正因为龙是如此尽善尽美、法力无边，所以人们深深地崇拜着龙，龙的身上集中了人们太多美好的希望，我们也常把才能出众的人才称为人中之龙，所以，在石雕作品中，龙的题材是非常受欢迎的。

龙柱 石雕

腾龙 石雕

貔貅 石雕

貔貅

貔貅也是现实社会不存在的一种凶猛灵兽，龙头、马身、麟脚，形状似狮子，毛色灰白，能腾云驾雾。吞万物而不泄是传说中貔貅的特点，所以世人就认为它能招财聚宝，纳四方之财，将貔貅看作是家中守财之宝。另外，传说貔貅还有辟邪的作用，给主人带来吉祥和如意。因为貔貅具有人们喜闻乐见的美好寓意，所以在石雕作品中也很常见。在一些公司、工厂或银行的门口常摆放大型貔貅石雕，看起来威风凛凛、不怒而威，起镇守保卫之用，而且带有招财进宝的寓意；很多企业内部的显要位置也常摆放小型的貔貅来纳财，小型貔貅石雕的材质常可见寿山石、青田石的，雕刻得精巧细致、生动形象。像外汇、股票、金融、赛马、期货等行业都将貔貅奉为至宝。

狮

在石雕中，我们似乎见得最多的就是石狮子形象，豪宅大门两侧，古代宫殿建筑中，石桥栏杆上，此外还有石柱础、牌坊夹柱石、石基座、檐顶等诸多地方，只要我们稍加留意就会有各式各样、大小不一的精美石雕狮子映入眼帘。石狮的造型一般为蹲立状，通常都是左雄右雌，昂首向前，体型雄壮，具有气吞山河的威慑气势和凶悍威猛的特征。在中国的传统文化中，狮子的地位很重要，被人们推崇为镇邪驱魔的吉祥物。

狮子（一对） 石雕

龟

龟这种动物始终给人一种神秘感，让人心生敬畏，而又产生许多遐想。龟的寿命很长，这一点最令世人羡慕，因此龟具有吉祥长寿的寓意。石雕中的龟看起来安定祥和，能保佑主人平平安安、安定吉祥。在大型石碑的底部常见龟形石雕作品，它代表了稳定、坚固。

龟 石雕

◆ 植物题材

明 牡丹纹笔筒 青田石雕

在石雕作品中自然也少不了植物题材，其造型有的是独立出现，有的是和动物、人物或场景相结合，互相衬托，来表达石雕的艺术美。一些社会时代精神、一定的思想内容都可以从植物题材中反映，这体现出人们对美好生活的寄托与向往。如“岁寒三友（松、竹、梅）”“竹报平安”“富贵牡丹”“一品清莲（廉）”等，这些都是人们喜闻乐见的图案，它们是有深层次寓意的。具体来说，石雕中的常见植物有兰花、菊花、梅花、万年青、玫瑰、灵芝、葡萄、梧桐、柳树、桃树、枫树、椰树等众多花草树木。

◆ 历史人物题材

历史人物题材的石雕作品记录了一个国家、一个民族丰厚的文化与重大历史事件，是城市雕塑的重要组成部分，是主流文化的代表，在文化弘扬、精神激励与教化功能方面发挥着不可替代的作用。历史人物题材一般雕刻的是帝王将相、民族英雄、教育家、科学家、文学家等为国家民族做出突出贡献的人物。这些人物石雕作品主要用于建筑装饰性石雕、宗教石雕、陵墓石雕、陈列性石雕等方面。李大钊纪念馆的李大钊雕像、刘胡兰纪念馆的刘胡兰雕像、白求恩纪念馆的白求恩雕像等都是历史人物题材石雕的代表作。历史人物题材的石雕具有很强的装饰性和实用性，雕刻时不可忽略人物的面部刻画；有时也会给作品加彩，塑绘结合，相得益彰，更能增添石雕作品的观赏价值；雕刻时还要注重以形传神，将人物的神态、心理活动刻画出来，以表现高度的意象美。

园林石雕

◆ 园林题材

园林石雕可以很好地配合园林构图，为园林增加艺术情调。园林雕塑可以很好地反映一定的社会时代精神，表现一定的思想内容。园林题材可分为建筑装饰性石雕、纪念性石雕、主题性石雕和园林小品石雕。

建筑装饰性石雕在寺庙、陵墓、公园、别墅等建筑中很常见，包括牌坊、石桥、栏板、灯柱、经幢、石桌、石凳、石塔、凉亭、壁炉、喷泉、花盆、花瓶、鱼缸等。纪念性石雕主要是为纪念历史上或现实生活中的某个重要事件，具有很高的纪念价值。如天津引滦入津工程纪念碑。此碑通高 24 米，上面刻有“引滦入津工程纪念碑”9 个大字，是天津的标志性景观。

喷泉 石雕

主题性石雕通常是在城市某个中心或某一特定区域的重要位置，它能提升一座城市的文化品位，是重要的城市景观，推动着城市文明的进步。如浙江横店华夏文化园雕像、北京石景山区妇女儿童活动中心《哺育》雕像等。园林小品石雕是为公园、园林造景需要，会涉及各种不同的题材。

从古至今，充满智慧的历代石雕艺人对人物典故、珍禽异兽、山水花鸟等各种题材进行综合运用，使其不断发展，用其勤劳的双手和辛勤的汗水创造出一个个脍炙人口的石雕作品，将中国的石雕艺术不断发扬光大！

独具特色的地方石雕

石雕工艺在我国的艺术领域占有重要的地位，深受世人喜爱。石雕艺术工艺精湛、精美异常、内涵丰富，具有陶冶情操、美化生活的作用。我国有很多地方都出产石雕，它们风格迥异，各具特色，下面我们来介绍一下各地的石雕。

◆ 惠安石雕

惠安隶属于福建省泉州市，位于东南沿海中部，介于泉州湾与湄州湾之间，与台湾隔海相望。惠安的气候温暖湿润，风景宜人，背山靠海，海陆资源丰富，处在台湾海峡西岸经济繁华带的中心位置。惠安的石雕工艺历史悠久，炉火纯青，素来被赞誉为“石雕王国”，还被文化部授予“中国民间艺术（雕刻）之乡”的称号。

浮雕人物图案

元朝之前，惠安石雕作品的整体风格是粗犷豪放、古朴凝重，线条流畅刚直，人物造型朴素、端庄。明清时期，惠安石雕蓬勃发展，逐渐走向成熟，此时期的惠安石雕作品重视立意，这一点与以前的作品有很大区别。明清时期惠安石雕变得更加纤巧、婉约，看起来生动，富有气势，讲究形神兼备，其动态美、神态美能从作品中显现。惠安石雕的主要石材是花岗岩和辉绿岩。按石雕的应用，可将其分为建筑石雕、器用石雕和工艺石雕三大类。

建筑石雕也叫建材石雕，主要用来装饰寺庙、楼宇、宫殿、牌坊、碑石、墓料等建筑物，涉及的石雕构件有门楹、窗框、梁拱、墙石、立柱、柱础、台阶等。用于建筑方面的石料，被加工后，应该表面平直，接缝紧密。像广州黄花岗烈士陵、北京人民大会堂的石构件、井冈山纪念塔的石构件的制作和安装等都少不了惠安石雕艺人的功劳，这些建筑石雕安装精密，工艺高超，在建筑石雕中占有重要地位。

器用石雕就是用具石雕，即把石料加工雕琢成生活或生产的器物。如石磨、石碾、石槽、石香炉、石茶具、石桌椅等，种类繁多。器用石雕的实用性最重要，也有一些观赏价值很高的用具，表面雕花镂空，用图案装饰。如清末福州著名雕刻店第三代传人蒋文子曾在北京颐和园工艺竞赛中获得了“石雕之冠”的美名，而让他轰动了业内的作品就是用青石雕的镂花鼓椅、圆桌。

石碾

汉钟离像 石雕

菩萨像 莫高窟石雕

工艺石雕俗称“打巧”，即运用工艺美术设计理念雕刻石工艺制品。惠安的工艺石雕主要有沉雕、浮雕、圆雕、影雕 4 种。沉雕也就是阴纹雕刻，主要应用于楹联匾额、摩崖石刻及碑文题刻等。如宋朝蔡襄撰书的《万安桥记》碑刻，被世人赞为绝品，其中就有沉雕。浮雕中的高浮雕层次丰富，涉及各种内容和题材，工艺水平极高。经常应用于影壁、花窗、龙柱及柱础等。民国初年南京中山陵园的华表、光华亭的金鱼池等装饰雕件，都是浮雕的代表作。圆雕作品，具有强烈的立体效果，应用了圆雕的工艺品数不胜数，其中大至龙柱、石狮，重量超过千吨的《郑成功》《天上圣母》等塑像，小到几厘米的微型石雕都少不了要运用圆雕工艺。影雕，是惠安石雕的创新品种，在大约 2 厘米厚的磨光青石板上，依照图像，用不同型号的合金钢针，依靠不同力道琢刻出点和线，这些点、线深浅、粗细、疏密、虚实不同，其效果就如同照片一般，非常引人注目。现在还发展出了彩染影雕。惠安影雕的题材主要是山水风景、飞禽走兽、花鸟虫鱼、人物典故。像万里长城、黄山风光、奔腾的骏马，以及名人肖像等，影雕都能展现得栩栩如生，被誉为“石雕奇葩”“中华一绝”。

◆ 曲阳石雕

曲阳县是河北省的古县，位于华北平原西部，太行山东麓脚下。曲阳历史悠久，文化底蕴丰厚。相关资料显示，曲阳石雕应用于建筑业的历史可追溯到汉朝，至今已有两千多年的历史。在这块人杰地灵的土地上，雕刻艺术不断传承，北魏时期雕刻的佛像、雄狮就已具有较高工艺水平。到了唐朝，北方汉白玉雕像的雕造中心就在曲阳，唐宋时期佛教兴盛，在这样的社会条件下，曲阳石雕发展迅速。到元朝，曲阳石雕已经声名在外，出现了许多被人们津津乐道的石雕精品。民国初年曲阳石雕艺人刘普治雕刻的《仙鹤》《干枝梅》等作品，在巴拿马国际艺术博览会上荣获银奖。曲阳人民用勤劳的汗水和高超的智慧将石雕艺术薪火相传并发扬光大，使得曲阳在清朝就赢得了“天下咸称曲阳石雕”的美誉。曲阳大理石资源丰富，雕刻文化深入人心，雕刻技艺精妙绝伦，雕刻人才辈出，是当之无愧的“雕刻之乡”。

石牌坊

弥勒佛 汉白玉石雕

一代石雕大师——卢进桥

名扬四海的汉白玉雕刻大师卢进桥，是河北曲阳人，8 岁那年，他的舅父刘东元开始教他石雕工艺。卢进桥勤奋刻苦，13 岁开始，边打工边游历于名山大川，用一年多的时间来研究历代的雕塑工艺，包括石雕、碑刻、泥塑、木雕等。他年轻有为，16 岁的时候，在曲阳的石雕界就已经很有名气了。卢进桥进行雕刻创作时，既不绘图，也不塑稿；雕刻时使用的锤子比其他人的重很多。如果不是有足够的经验，用力不得当，一锤子下去，就可能会毁了一件作品。1958 年，以石雕著称的曲阳艺人有机会参与人民大会堂、中国历史博物馆等十大建筑的部分雕刻工程，卢进桥开始接触到现代工艺美术的设计图案，意识到传统的曲阳石雕应随着时代的变化而富有新意。从此卢进桥更加忘我地学习，1965 年，年近 40 岁的他还去天津牙雕厂学习了牙雕，同时也学了一些木雕工艺。曲阳的石材硬脆，不易雕刻，因此传统的曲阳石雕种类一般是大型的石兽和碑刻，不适合精雕细刻。即使雕刻出一些微型的仙佛等人物形象，其衣纹、须发、首饰等细节部位也难以处理妥当，显得比较僵硬。卢进桥将牙、玉、木、石雕的刀法结合起来，独创出剥荒、定型、雕琢、磨光、打亮结合的镂雕技法。1977 年，卢进桥声名鹊起，家喻户晓，艺术成就辉煌，他先后雕刻的《卧兽观音》《坐兽观音》《三大仕》《木兰从军》等多件作品引起了业内的轰动。他在有生之年为全国 20 多个省份、40 多个城市以及日本、意大利等 40 多个国家和地区的园林雕塑了神像、动物等雕刻作品。晚年的卢进桥大师虽然身体不再硬朗，但他仍在石雕艺术的道路上不断前行，并传艺后人，不愧为令人尊敬的一代石雕大师。

◆ 温岭石雕

温岭，地处浙江东南沿海，历史悠久，早在新石器时期，这里就有人生息繁衍了。温岭的地形主要是低山丘陵，为北雁荡山余脉，这里石料资源非常丰富，花岗岩产量最大，主要分布于交陈、上马、石塘一带沿海。得天独厚的条件使得温岭成为我国三大石雕基地之一，被誉为江南“石雕之乡”。

温岭石雕历史久远，文化底蕴深厚，最早可追溯到宋朝。南宋名臣王居安墓前的石虎、石羊至今还保存着，外形生动形象，雕工精湛，代表了宋朝温岭石雕艺术的高超水平。此后也有不同程度的发展。明朝嘉靖年间，是温岭石雕的兴盛时期，石雕经营非常火热。明朝的圆雕石虎，造型逼真，雕琢细腻，为石雕珍品。温岭石雕形象生动，讲求精雕细刻，风格淳朴细腻，件件石雕都是精品。今天温岭石雕已经与古建筑、城市园林景观建设等紧密地结合，在城市建设中发挥着不可替代的作用。

貔貅 石雕

屏风 仿古大理石雕

石雕行业的蓬勃发展，也为温岭市的经济发展做出了贡献。如今，网络为温岭人的石雕生意帮了大忙，网上可以清晰展示石狮子、石屏风、石碑、石长廊等石雕作品的图案、照片，业务联系十分繁忙。温岭人富有创新精神，他们通过引进新的技术来改造传统的石雕工艺，提高石雕工艺的科技含量。另外，温岭人还尝试采用电脑刻字设计和人工雕刻相结合的新方法来提高效率和质量，让温岭的石雕散发勃勃生机。

◆ 青田石雕

在中国石雕工艺的宝库中，有一颗明珠熠熠生辉，吸引了无数人的目光，这就是青田石雕。青田石玉洁冰清、颜色绚丽。青田石雕工艺精妙绝伦、造型奇巧秀美，享有“在石头上绣花”的美誉，堪称国之瑰宝。青田石雕在石雕工艺方面的地位十分重要。

花摆件 青田石雕

笔架 青田石雕

青田县位于浙江省东南部，历史悠久，在《山海经·南次二经》中便有记载。早在崧泽文化时期，美丽的青田石已被人们发现并利用，雕刻成装饰品。如 2006 年在浙江湖州出土了距今已有约 6000 年历史的青田石制品——青田璜。最初，青田石雕制品主要用于殉葬、宗教和生活用品方面，慢慢发展成了令人瞩目的观赏艺术品。现今浙江博物馆内收藏着六朝时期的四只青田石雕小卧猪，它们是殉葬用品。作品仅用九条阴线展现小猪的各种姿态特征，线条流畅，造型简单，形神兼备，颇有汉魏遗风。唐宋时期，青田石雕发生了一定的变化。从五代时期起，青田石雕的题材就不仅是小动物形象，而且出现了大量神像、佛像等宗教活动用品，这种变化从浙江省龙泉双塔内发现的五代吴越国时期的青田石雕佛像造型便可窥探一二。到宋朝，青田石雕借鉴了“巧玉石”制作工艺，“因势造型”“依色取巧”的技巧的运用，将青田石颜色斑斓、石质晶莹、易于受刀的优势充分发挥了出来，多层次镂雕的工艺得以开创。

元、明时期，赵孟頫、文彭等文人又将青田石用于印章篆刻艺术上，拓宽了青田石的应用范围。古老篆刻艺术的发展，具有十分重要的意义。借着篆刻艺术发展的东风，青田石雕作品开始引起上层社会的关注，身价倍增，影响力逐渐增大。到清朝，青田石主要用来雕刻陈设观赏品，大到仙佛雕像，小到几案观赏品，题材丰富，精美异常。清朝历朝皇帝都对青田石章青睐有加，江南的青田石雕被选作贡品进献朝廷。民国年间，青田石雕业曾一度非常兴旺，在温州、普陀、上海等南方城市都可见到石雕作坊和商店等，其产品还出口到其他国家。1949 年以后，政府大力支持青田石雕的发展，在青田设立专门机构，同时还邀请相关方面的专家为艺人举办讲座，选派艺人到美术学院、研究所学习深造，不断提高青田艺人的技艺。此时期涌现了大量著名的石雕艺术家，他们创作了许多令人惊叹的珍品。近些年，青田石雕发展极其迅猛，为当地的经济发展做出了重要贡献，作品远销许多国家，深受国内外人们的喜爱。

狮子摆件　青田石雕

常家庄园内精美的石雕

◆ 晋中石雕

若想了解晋中地区的建筑石雕风格，少不得要参观此地的晋商大院，这里的商院建筑具有浓厚的地方特色，在北方建筑中占有重要地位。晋商通常指明清时期的山西商人，当时他们迫于生计外出做生意，全国各地都遍布了晋商的脚步，其经营范围涉及盐业、茶叶、票号等，其中最出名的是经营票号。他们是实力最雄厚的商帮，商业势力覆盖全国各地。山西人似乎对家乡有着特别的眷恋，他们发家致富以后都不遗余力地在原籍兴建宅院，营造家园，因此也为后世遗留下了丰富的建筑遗产，著名的乔家大院、王家大院、常家庄园、曹家三多堂等都是晋商宅院的杰出代表。晋商大院中，石雕种类丰富多彩，各种各样的石雕图案装点着院落，其大多都富有美好的寓意，把主人的美好希望寄托其中。像“岁寒三友”“四君子”“六合同春”“鹿衔灵芝”“松鹤延年”等吉祥图案在晋商大院的建筑装饰艺术中很多见，各式各样的石狮子守卫着宅院，它们威风凛凛、非常神气。晋商大院将浓厚的中国传统的文化思想和独特的西北建筑风格融汇其中。

亮财主——乔致庸

乔致庸是晋商中的辉煌人物。乔致庸字仲登，1818 年出生在山西祁县的一个商贾世家，为乔家第三代人。他自幼父母双亡，是兄长乔致广将其抚育长大。年少时的乔致庸本来希望考取功名，步入官场，光宗耀祖，但是刚考中秀才不久，兄长故去，因此他不得不接管乔家生意，成为乔家的掌家人。由他执掌乔家生意之后，乔家买卖越做越好。清末年间，乔氏家族已经在中国各地有票号、钱庄、当铺、粮店 200 多处，是山西富甲一方的商户，因此乔致庸得了一个“亮财主”的称号。乔致庸经商以诚为本，他待人随和，一生做过许多善事，于 1907 年逝世，享年 89 岁。在同治初年，乔致庸花费大量钱财扩建祖宅，建成了名扬四海的乔家大院，相关专家学者称其为“清朝北方民居建筑的一颗明珠”。乔家大院位于山西祁县乔家堡村，大院为全封闭式的建筑群，整体看来规模宏伟，威严高大。全院布局合理，内部装饰细致精巧，非常考究，门前的狮子精雕细刻，憨态可掬，纹理流畅，非常美观。其他的各种石雕装饰图案也很多，涉及多种题材，雕刻技法五花八门，显示出晋中商院建筑工艺的高超水平，不愧于“皇家有故宫，民宅看乔家”的说法。

山西乔家大院

◆ 徽州石雕

古徽州是指安徽省的南部一带，此地区风景秀丽、物产丰富、人杰地灵；而且古徽州的文化底蕴也很深厚，是徽商的发源地，和晋商相似，这里的百姓也走南闯北，经营商业。徽商资本雄厚，经营范围广，其中在典当行的实力最雄厚，过去一度是最有影响的商帮之一。徽州地区的家族观念和乡土观念浓郁，徽州人的足迹虽遍布天下，然而人们一旦经商致富，都愿意拿出大量钱财来扩祠堂、广门第，希望振兴自己的家族。因此现在徽州地区还遗留下来一些保存相对完好的古朴典雅的建筑。大院门前的石狮子形态逼真，生动形象。抱鼓石、石栏杆、石柱及石柱础等造型多变，精雕细刻，装饰性很强。数百年间，无数雕工精湛的石雕艺人曾在这片土地上一展身手，用他们的勤劳和智慧创造出了许多令后人赞叹不已的石雕作品。徽州石雕多用于宅院的廊柱、门墙、牌坊、墓葬等处的装饰，常用的雕刻技法有浮雕和圆雕，刀法娴熟，线条明快，声名远播。徽州石雕的风格古朴雅致，图案古色古香，题材主要是动植物形象、博古纹样和书法，人物典故和山水题材的并不多。如今，数百年过去了，走进徽州，常年的风雨剥蚀，洗不掉当年石雕艺人遗留在石雕上的精髓。

石窗

建筑中的石雕构件

后记

我国的雕刻工艺在世界雕塑艺术史上占有重要地位，它是前代艺术传统的继承和发展，又会对后世雕刻艺术的发展产生深刻影响。那一件件雕刻工艺品之所以吸引人是因为它们的神秘与精美，是因为它们凝聚了作者无数的心血，是因为雕刻材料的珍贵与稀有。人们为之倾倒，纷纷加入收藏行列，渴望得到一件梦寐以求的珍品，一睹它的风采。

为了编著本书，获得翔实的资料，将本书做得更有特色，作者翻阅了大量涉及根雕、木雕、石雕内容的书籍，进一步地了解了这巧夺天工的雕刻艺术。为了更深入地了解雕刻行业，作者拜访了位于保定市秀水街的书信木雕工作室的总经理张书信与北塘胡同的野山根雕工作室的总经理王新先生。他们知道作者要编著相关书籍，都非常支持，认为这是将老祖宗留下的东西发扬光大的有效途径。在他们那里，作者大开了眼界，见识了许多叹为观止的雕刻工艺品，聆听了资深的业内人士讲解了许多知识，了解了不同作品的文化内涵，收获颇丰。另外，作者还走访了两家玉制品经营机构——玉缘堂和君子阁，它们分别位于保定市力高古玩市场和瑞星路。玉缘堂的店主曹鹏先生和君子阁的店主刘君先生悉心为作者解答了许多关于玉雕方面的疑惑，也让作者见识到了许多精雕细刻的工艺品。

在此，万分感谢河北省保定市的书信木雕工作室、野山根雕工作室、玉缘堂和君子阁的鼎力相助，还为本书提供了大量精美的图片。

正是在上述四位资深业内人士的大力帮助下，我才得以完成本书的编著工作。在此，我还要感谢所有为本书提供帮助的朋友。希望本书能切实地帮助广大读者，使读者在收藏过程中更加得心应手，期待与广大读者朋友进行交流和切磋。